गगन दमामा बाज्यो

[संगीतमय नाटक]

D1877952

पीयूष मिश्रा

परिचय मुमकिन नहीं, न ही उन्हें पसन्द है। दोस्तों में 'पीयूष भाई' छात्रों में 'सर'। 1983–2003 तक दिल्ली में थियेटर किया। आजकल मुम्बई सिनेमा नगरी में व्यस्त हैं, इस उम्मीद के साथ कि बदलाव वहाँ भी होगा।

लेखक की अन्य किताबें

जब शहर हमारा सोता है (नाटक)
वो अब भी पुकारता है (नाटक)
सन् 2025 उर्फ़ इन्सीडेंट एट ट्वाइलाइट (नाट्य रूपांतरण)
कुछ इश्क़ किया कुछ काम किया (शायरी और कविता-संग्रह)
तुम मेरी जान हो रज़िया बी (कविता-संग्रह)
मेरे मंच की सरगम (थियेटर के गीत)
आरम्भ है प्रचण्ड (गीत)
तुम्हारी औक़ात क्या है पीयूष मिश्रा (आत्मकथात्मक उपन्यास)

पीयूष मिश्रा

गगन दमामा बाज्यो

राजकमल पेपरबैक्स

यह पुस्तक सर्वप्रथम 2002 में 'साहित्य उपक्रम' से प्रकाशित हुई थी।

राजकमल पेपरबैक्स में
पहला संस्करण : जून, 2017
चौथा संस्करण : अक्टूबर, 2024

© पीयूष मिश्रा

राजकमल पेपरबैक्स : उत्कृष्ट साहित्य के जनसुलभ संस्करण

राजकमल प्रकाशन प्रा.लि.
1-बी, नेताजी सुभाष मार्ग, दरियागंज
नई दिल्ली-110 002
द्वारा प्रकाशित

शाखाएँ : अशोक राजपथ, साइंस कॉलेज के सामने, पटना-800 006
पहली मंजिल, दरबारी बिल्डिंग, महात्मा गांधी मार्ग, प्रयागराज-211 001
1, अनमोल सोराबजी संतुक लेन, धोबी तलाव, मरीन लाइंस, मुम्बई-400 002
वेबसाइट : www.rajkamalprakashan.com
ई-मेल : info@rajkamalprakashan.com

विकास कंप्यूटर एंड प्रिंटर्स
ट्रॉनिका सिटी-201 102
द्वारा मुद्रित

मूल्य : ₹199

GAGAN DAMAMA BAJYO
Musical by Piyush Mishra

ISBN : 978-81-267-3053-7

स्वर्गीय ओम पुरी के नाम,
मेरे आध्यात्मिक गुरु स्व. सत्यनारायण गोयनका के नाम,
प्रिया, जोश, जय,
स्वर्गीय माँ, स्वर्गीय पिताजी, स्वर्गीय जीता चाचा,
स्वर्गीय बलवीर चाचा, स्वर्गीय बुआ जी और
स्वर्गीय टाईगर के नाम...
और मेरे सारे दोस्तों के नाम
जो कि कम्बख़्त बहुत सारे हैं...

क्रेडिट

सेट : मासूम
प्रकाश : गिरधारी
परिधान : अशोक शर्मा
पोस्टर डिजाइन : पार्थिव शाह
मेक-अप : अनुराग
ड्रम्स : डी.के. श्रीवास्तव
व्यवस्था : अनीस, श्रीओम, रमन, हरीश, निखिल
सहायक निर्देशक : उमेश
निर्माण संचालन : अमित राज
गीत, संगीत, स्क्रिप्ट : पीयूष मिश्रा
कोरियोग्राफी : एडविन जी. विलियम्स
निर्देशन : एन.के. शर्मा

आभार

मदन गोपाल सिंह, जी.पी. टोडी, विनोद दुआ

इस संगीतमय नाटक का पहला मंचन 8 जून, 1994 को
श्रीराम सेंटर, मुख्य सभागार, नई दिल्ली में हुआ।

पात्र

मार्कंड त्रिवेदी : चित्रार्थ
बटुकेश्वर दत्त : राहुल चौधरी
सुखदेव : हर्ष खुराना
भगतसिंह : अशोक शर्मा / हिमांशु
यशपाल : आशीष माथुर
शिव वर्मा : राज मिश्रा / अमित राज / हेमेन्द्र
जयदेव कपूर : अभिषेक
यतीन्द्रनाथ दास : विवेक
किशन सिंह : विवेक सेठ
विद्यावती : शोभा / रेशमा
चन्द्रशेखर आज़ाद : संजय गौतम
रामप्रसाद बिस्मिल : सुधीर
फनीन्द्रनाथ घोष : रोहित शर्मा
साथी कामरेड : बबलू कुमार राय
राजगुरु : राकेश कौडन्य
लड़की : अंशुल सिन्हा / शालिनी वत्स
लोक गायक : पीयूष मिश्रा
दूनीचन्द : अमरेश
दौलतराम : अमित
मन्नांवाले : राकेश

जेल में भगतसिंह

नाटक में ''पगड़ी सँभाल जट्टा...''

साथियो,

ज़िन्दा रहने की ख़्वाहिश कुदरती तौर पर मुझमें भी होनी चाहिए। मैं इसे छिपाना नहीं चाहता, लेकिन मेरा ज़िन्दा रहना (मशरुत) सशर्त है, मैं क़ैद होकर या पाबन्द होकर ज़िन्दा रहना नहीं चाहता।

मेरा नाम हिन्दुस्तानी इन्क़लाबी पार्टी का मरकज़ी निशान बन चुका है और इन्क़लाब पसन्द पार्टी के आदर्शों और बलिदानों ने मुझे बहुत ऊँचा कर दिया है, इतना ऊँचा कि ज़िन्दा रहने की सूरत में इससे ऊँचा मैं हरगिज नहीं हो सकता।

आज मेरी कमज़ोरियाँ लोगों के सामने नहीं हैं। अगर मैं फाँसी से बच गया तो वो ज़ाहिर हो जाएँगी और इन्कलाब का निशान मद्धिम पड़ जाएगा या शायद मिट ही जाये, लेकिन मेरे दिलेराना ढंग से हँसते-हँसते फाँसी पाने की सूरत में हिन्दुस्तानी माताएँ अपने बच्चों के भगतसिंह बनने की आरज़ू किया करेंगी और देश की आज़ादी के लिए बलिदान होने वालों की तादाद इतनी बढ़ जाएगी कि इन्क़लाब को रोकना इम्पीरियलिज़्म की तमामतर कोशिशों के भी बस की बात न रहेगी।

हाँ, एक विचार आज भी चुटकी लेता है। देश और इन्सानियत के लिए जो कुछ हसरतें मेरे दिल में थीं, उनका हज़ारवाँ हिस्सा भी मैं पूरा नहीं कर पाया। अगर ज़िन्दा रह सकता तो शायद इनको पूरा करने का मौक़ा मिलता और मैं अपनी हसरतें पूरी कर सकता।

इसके सिवा कोई लालच मेरे दिल में फाँसी से बचे रहने के लिए कभी नहीं आया। मुझसे ज़्यादा ख़ुशकिस्मत कौन होगा? मुझे आजकल अपने आप पर बहुत नाज़ है। अब तो बड़ी बेताबी से आख़िरी इम्तिहां, अन्तिम परीक्षा का इन्तज़ार है। आरज़ू है कि यह और करीब हो जाए।

—भगतसिंह

लोक गायक : रंग इश्क के कितने होते हैं...

''मुल्क के बच्चों के लिए क्या रास्ता छोड़ा है...''

अनुक्रम

एन.के. शर्मा

दिल्ली में जन्मे जन–नाट्य मंच से अपना थियेटर कैरियर शुरू कर 1989 में अपने साथियों के साथ 'एक्ट वन आर्ट ग्रुप' की स्थापना की! जन–नाट्य मंच ने जहाँ नुक्कड़ नाटक की विधा को एक अनोखा और क्रान्तिकारी जामा पहनाया...वहीं 'एक्ट वन' ने नब्बे के दशक के पूर्वार्ध में उत्तरी भारत में तहलका मचा दिया। जब शहर हमारा सोता है, नेटुआ, होली, वो अब भी पुकारता है, गगन दमामा बाज्यो, आओ साथी सपना देखें जैसे ऐतिहासिक नाटकों के निर्देशन सहित 12 से अधिक म्यूज़िकल और कुल मिलाकर करीब तीस नाटकों का निर्देशन! मिज़ाज से खरे और मानसिकता से पूर्ण वामपंथी! कई फ़ीचर और डाक्यूमेंट्री फ़िल्मों के लेखन और निर्देशन में गहरा योगदान! वर्तमान में एक्ट–वन आर्ट ग्रुप के संचालन और निर्देशन में व्यस्त, इस प्रबल मान्यता के साथ कि अपने आसपास के सामाजिक परिवेश और समस्याओं को भूलकर कलाकार का फन पनप ही नहीं सकता।

निर्देशक की ओर से

'गगन दमामा बाज्यो' किसी साहित्यकार की महान् कलम से निकली हुई रचना नहीं है, बल्कि एक अभिनेता या यह कहा जाए कि एक नाट्यकर्मी की एक अभिव्यक्ति है। नाटक एक ऐसे अभिनेता द्वारा लिखा गया है जोकि नाटक को एक खेलने की विधा मानता है, न कि पढ़ने की; जिसके लिए रंगमंच बड़ी-बड़ी बातें करने या फतवे देने की जगह नहीं है बल्कि जनता तक पहुँचने का माध्यम है। उसके लिए नाटक उसकी अपनी समझ और सोच को परिस्थितियों के टकराव से और सुदृढ़ करता है।

गगन दमामा बाज्यो एक्ट वन ग्रुप के लिए लिखा गया पीयूष मिश्रा का सातवाँ या आठवाँ नाटक है। इससे पहले भी जो नाटक उन्होंने लिखे हैं वे सब भी नए नाटक ही थे। एक्ट वन के शुरू में ही हम लोगों का ये फ़ैसला था कि हमारा लक्ष्य एक ईमानदार नाट्य परम्परा को कायम करना है। हमारा यह मानना है कि किसी भी अच्छी कृति या विचार से प्रभावित होना एक सकारात्मक प्रतिक्रिया है। इसलिए जब अच्छे और अपने समय के मुताबिक हमें कुछ ऐसे विदेशी नाटक मिले जिन्हें पढ़कर हमें लगा कि ऐसे ही नाटक हमारी अपनी परिस्थितियों के मुताबिक भी लिखे जा सकते हैं तो हमने उन्हें अछूत नहीं समझा। पीयूष द्वारा लिखे उन सभी नाटकों में जहाँ एक तरफ मौलिकता थी, वहाँ उसे यह मानने में कोई भी हिचक नहीं थी कि उन नाटकों की प्रेरणा कहाँ से मिली। पिछले 12 सालों में एक्ट वन ने जिन नाटकों का मंचन किया है वे अपने आप में एक प्रकार से हिन्दी रंगमंच में नए नाटक तो रहे ही पर साथ ही साथ इन 12 वर्षों में हमारे समाज में जो घटा है उसके भी दस्तावेज हैं।

'गगन दमामा बाज्यो' नाटक उस समय लिखा गया था जब आतंकवाद भारत में अभी उभर ही रहा था। नौजवानों का एक हिस्सा इस तरफ आकर्षित भी हो रहा था और क्रान्तिकारी और आतंकवादी में भेद करना मुश्किल हो

रहा था। एक बार नाटक पर काम शुरू हो जाने के बाद उसमें और भी चीज़ें जुड़ती चली गईं। इस बीच हमने भगतसिंह पर इतनी सामग्री एकत्रित कर ली थी, कि यह भी ख़तरा हो चला था कि कहीं कोई डाक्यूमेंटरी प्ले न होकर रह जाए। और यहीं पर जवाब मिलता है उस समझ का कि एक अच्छा नाटक वह ही लिख सकता है जिसका कि नाटक से सीधे-सीधे सरोकार हो।

नाटक में यही कोशिश रही कि भगतसिंह कोई जन्मजात हीरो नहीं था बल्कि हमारे जैसा ही एक नौजवान था जो अपने आसपास होने वाली घटनाओं के प्रति सजग था। भगतसिंह के जीवन पर नाटक और भगतसिंह का नायक न होना, बल्कि उन परिस्थितियों और घटनाओं पर ज़ोर, जिससे भगतसिंह बना करते हैं, काफी मुश्किल काम था। पर यह सम्भव हुआ पीयूष के मत से कि वह कैलेंडर पर लगी फोटो न होकर अपनी पूरी कमज़ोरियों और अच्छाइयों समेत हमारे सामने आए। हमने मेहनत तो बहुत की पर अन्त में हमारे सामने एक ऐसा नाटक था जैसाकि हम चाह रहे थे।

—एन.के. शर्मा

लेखक की ओर से

1994 चल रहा था। 'एक्ट वन' के तूफ़ानी दौर का ये पाँचवाँ साल था। पहली जनरेशन जा चुकी थी। उसमें से केवल चन्देक लोग ही बचे थे। आशीष विद्यार्थी, मनोज वाजपेयी, अरुण मोटा, विजय चचा, असद ख़ान, गौतम चड्ढा, प्रशांत नारायणन, असीम बजाज, गजराज राव, सुजीत सरकार, डॉ. सुशील, सोमा चौधरी, अजय चौहान, अनीश, अरविन्द बब्बल, वर्षा अग्निहोत्री, नीलम महाजन, अनीस ख़ान, इम्तियाज़ अली, विजय भाई, जया बरनेला, भाई सुशील, विक्की, गांधी, विकास, मिट्ठू, लोकेश, भानु, पारुल काला, अखिलेश, रिया मुखर्जी, दीपाली गुप्ता, संजीव वत्स, वामन, शुभेंदु, सर्बाशीष, देवाशीष, बाँड, पूर्णिमा, बुग्गी, सन्तोष, पुष्कर, राजीव गुप्ता, सुरेंद्र सागर, संजीव दत्ता, अनिल चौधरी, अनुराग और दूसरे बहुत सारे अजीज़ अपनी-अपनी ज़िन्दगी का रास्ता चुन चुके थे जिसके लिए उन सबको हमारी शुभकामनाएँ थीं। दूसरी 'जनरेशन' यानी कि रितेश, हर्ष, स्वानन्द, बिजेश, पूजा, अशोक, राहुल, राकेश, नाहिड़ी, दीप्ति, हिमांशु, शालिनी, नीरज, हरीश, स्वरूपा, प्रतिभा, रेशमा, चित्रार्थ आदि पूरी शिद्दत से हरकत में आ चुके थे। राज मिश्रा और रमन की मौजूदगी हमेशा की तरह अनिवार्य थी। जूही डोगरा अब भी ग्रुप की गोद ली हुई माँ की तरह से स्टेज पर झाड़ू लगाती हुई या विंग्स में इलेक्ट्रॉल का गिलास पकड़े पसीने में तरबतर एक्टर के आने की प्रतीक्षा करती पाई जाती थीं। अतुल अपने प्रेसीडेंट होने की ज़िम्मेदारी बख़ूबी निभा रहे थे। बाकी निखिल वर्मा के बिना तो 'एक्ट वन' के अस्तित्व की कल्पना करना भी दुरूह था। अरुण बुड्ढा ठीक 'अरुण बुड्ढे' की तरह से 'कभी हाँ तो कभी ना' के अन्दाज़ में ग्रुप में मौजूद थे। शेफाली भूषण स्टेज से धीमे-धीमे बैक-स्टेज में गतिशील हो चुकी थीं। आलोक माथुर अपनी चिर मुस्कुराहट का प्रदर्शन करते हुए 'टाइम्स ऑफ़ इंडिया' के अपने ऑफ़िस

से पब्लिसिटी की ज़िम्मेदारी बख़ूबी सँभाल रहे थे। बैरी जॉन, दिनेश खन्ना और बापी बोस बाहर के मददगार थे। और इन सबके साथ-साथ स्व. ओमी फ्रूट वाला, शेरसिंह जी, अलका और भगवान चाय वाले और बाले भाई माली के मधुर और अविस्मरणीय अहसानों का बोझा हर थियेटर ग्रुप की तरह से 'एक्ट वन' पर भी चढ़ता ही जा रहा था।

नेटुआ, होली, हमारे दौर में, जब शहर हमारा सोता है, महाकुंड का महादान, चौबोली, गैलिलियो, है वही बात...यूँ भी और यूँ भी, आने भी दो यारो, वो अब भी पुकारता है, झीनी-झीनी महकी-महकी सीली-सीली और ये जो ज़िन्दगी है ना...जैसे धमाकों की गूँज दिल्ली समेत सम्पूर्ण उत्तरी भारत के कानों में रच-बस चुकी थी। मगर क्योंकि अपने पिछले नाटक की सफलता को चार दिन में भुलाकर अगले नाटक की तैयारी शुरू कर देना 'एक्ट वन' का स्वभाव बन चुका था। ऐसे में किसी भी नाटक को प्रकाशित करवाना हम लोगों के लिए एक 'ख़ाहमख़ाह की आलस्य भरी अय्याशी' थी, जिसे करने का न तो किसी के पास वक़्त था और न ही किसी का मूड।

आसपास के माहौल की बात करूँ तो मुल्क़ जल रहा था जोकि मुल्क़ के लिए कोई नई बात नहीं थी। हमारे मुल्क़ में लपटें जब तक रसोईघर तक ना पहुँचें, तब तक उसे जलना नहीं कहते। सौभाग्य से या दुर्भाग्य से बात अभी वहाँ तक नहीं पहुँची थी। मगर बात के वहाँ तक पहुँचने का इन्तज़ार उतने ही सब्र और हुनर के साथ हो रहा था जितना कि आज़ादी के पिछले सैंतालिस सालों से होता चला आया था। और ऐसे में अकस्मात् हमें याद आए सरदार...! यानी कि सरदार भगतसिंह। क्योंकि उनके याद आने के पर्याप्त कारण आसपास मौजूद थे।

आइडिया एन.के. का था। "इन लोगों ने मुल्क़ को नोच कर रख दिया। उस जैसे लोग क्या इस तरह की आज़ादी सोचकर मरे होंगे? और याद किसको है वो आज? साबुन के कैलेंडर पर चिपका के रख दिया है उसको। अभी एक हिट फ़िल्म आ जाए स्वातंत्र्यपूर्व भारत पर। उसके नाम पर टूट पड़ेंगे। भगतसिंह पर नाटक करते हैं। 'गगन दमामा बाज्यो!' गुरु ग्रन्थ साहिब की सूक्ति है। तू आज से ही भिड़ जा। बाकी देख लेंगे।"

'बाकी देख लेंगे' कहना एन.के. के लिए जितना आसान रहा करता था...मेरे लिए उतना ही ख़तरनाक क्योंकि शुरू-शुरू में 'देखना' मुझे ही पड़ता

था। बाकी उसकी फ़िल्म वाली धारणा आज 2002 में जा के बिलकुल सत्य साबित हुई। 'लगान' और 'गदर', की ऐतिहासिक सफलता के बाद कम से कम पाँच भगतसिंह की फ़िल्मों का एक कतार में खड़े होना...लोगों का उसके प्रति श्रद्धा या विश्वास प्रकट करना है या उसकी याद का इस्तेमाल करना...समझ नहीं आता। एक सफ़दर की मृत्यु ने मुल्क़ को 'सहमत' नाम का बेहद समृद्ध ट्रस्ट दे दिया। सिवान में हुई चन्द्रशेखर की मौत को याद करने के लिए सर्वप्रथम हिन्दुस्तान के नक्शे में सिवान को ढूँढ़ने में ही दिन निकल जाता है। इससे सफ़दर या चन्द्रशेखर...दोनों के प्रति मेरे सम्मान में कोई कमी नहीं आती। अलबत्ता ये सोचने के लिए ज़रूर बाध्य हो जाता हूँ कि क्या वही मौत सुखद होती है जिसको 'सुविधापूर्वक' याद करने में कोई दिक़्क़त नहीं आए?

नाटक की रिसर्च प्रारम्भ हुई और होते-होते बहुत ज़्यादा हो गई। मगर 'रिसर्च' से निबन्ध लिखे जा सकते हैं...नाटक या 'स्क्रीन प्ले' नहीं। उसमें कल्पना शक्ति और 'पोएटिक लिबर्टी, 'का ही सहारा लेना पड़ता है। भगतसिंह की कहानी शुरू से आख़िरी तक क्रम से सुना देने में किसी की रुचि नहीं थी। अलसाए हुए और आज़माए हुए 'स्ट्रक्चर' हमें पसन्द नहीं आते थे और हर नाटक में एक नए 'स्ट्रक्चर' की खोज़ असम्भव नहीं तो बेहद मुश्किल ज़रूर होती थी। दिमाग़ का जुनून और बेतरह काम करते चले जाने की हवस ने हम लोगों को आराम से बिलकुल दूर कर दिया था। तनाव से हमें प्यार हो चला था और ख़ासतौर पर इस नाटक से जन्मे तनाव के इश्क़ में तो हम बुरी तरह गिरफ़्तार थे। क्योंकि अगर एकदम भगतसिंह नहीं...तो थोड़ी-बहुत उनकी और उनके साथियों जैसी ज़िन्दगी बिताने का स्वाद और सुख हम सब चख चुके थे। आगे जो भी सृजन या विध्वंस हुआ...वो इसी तनाव के कारण।

खोज़बीन के शिखर पर सर्वसम्मति से ये तय पाया गया कि उस पूरे मूवमेंट को एक जूडास या एक बेहद कमज़ोर व्यक्ति के दृष्टिकोण से देखने की कोशिश करते हैं। उससे भगतसिंह और साथियों को आम व्यक्ति के तौर पर जानने का मौक़ा मिलेगा। साथ ही नाटक को 1921 से 1994 तक की यात्रा कराने की सुविधा भी! किसी भी इतिहास को वर्तमान के सापेक्ष में रखकर देखने से ही वो इतिहास बन सकता है...वर्ना तो वो सिर्फ़ झांकी है। और तब पैदा हुआ मार्कंड त्रिवेदी जो 'गगन...!' का मुख्य पात्र है और उस चरित्र का पैदा होना इस नाटक की वास्तविक शुरुआत थी।

उसके आगे की प्रक्रिया के बारे में क्या कहूँ। हर थियेटर ग्रुप को अपना-अपना 'प्रोसेस' जितना प्यारा लगता है...उतना ही हमें भी था। बाकी उस समय का 'एक्ट वन' सिर्फ़ अपने 'उन्माद' की वजह से जाना जाता था। 1990 से लेकर 1995 तक के अपने एक्ट-वन प्रवास में मुझे अपना और अपने आसपास के माहौल का बौरायापन याद है। एडविन जी विलियम्स की जिस्म को तोड़ चुकने की हद तक पहुँची मूवमेंट क्लासेज़ याद है। बबली के 'ड्रम्स' पर कभी ना रुकने वाले हाथ याद हैं। सही गीत और संगीत की तलाश में हारमोनियम से माथा फोड़ता मैं याद हूँ...और अपना और अपने साथियों का हज़ारों बाल्टी पसीना याद है। और शायद मुझे मिलाकर सभी को ये स्वीकार करने में संकोच नहीं होना चाहिए कि सारी कड़वी और मीठी यादों के बावजूद इस पसीने ने आने वाले दिनों में हमें बहुत-कुछ दिया।

इस नाटक का डिजाइन मूलतः लाइट्स पर आधारित था जिसका पूरा श्रेय एन.के. को जाता है। मोन्टाज जैसे स्ट्रक्चर वाले इस नाटक की वास्तविक गति स्पॉट्स के तीव्रता और धीमी गति से जलने-बुझने में क़ैद थी। नाटक अपने उत्तरार्ध में करीब-करीब 20 स्पॉट्स के हवाले हो जाया करता था। स्पॉट्स के अभिनेता सीधे प्रेक्षागृह की तरफ देख कर संवाद फेंकते थे। नाटक में पल-भर भी साँस लेने की गुंजाइश नहीं रखी गई थी। लगातार चलते 'ड्रम्स' से नाटक को अतिरिक्त गति और छोटे-बड़े क्लाइमेक्स मिला करते थे। और स्व. गिरधारी लालजी उर्फ डैडी और उनके दाएँ हाथ त्रिभुवन के हाथों में ढिमर थमाकर हम लाइट्स की तरफ से निश्चित हो जाया करते थे।

सारे गीतों की पहली दो पंक्तियाँ बिस्मिल साहब, ओमप्रकाश जी और अन्य क्रान्तिकारियों की असली पंक्तियाँ थीं और आगे अपनी पंक्तियाँ लिख उन्हें समसामयिक बनाने की कोशिश की गई थी। ये एक तरह से हमारा उन्हें ट्रिब्यूट था। गीतों के कम्पोज़ीशन और गाने के तरीके में गायन की महीन कलाकारी से ज़्यादा अभिनेता की ऊर्जा और शब्दों के अर्थ पर बल था।

सैट ना के बराबर था। खाली स्टेज पर झंडों और हाथ की 'प्रापर्टीज़' के प्रयोग से दृश्य बदलते थे। वस्त्र-सज्जा सबकी एक-सी थी। सफ़ेद कमीज़ और मिलिट्री पैंट। यहाँ-वहाँ पगड़ियों का सहारा पंजाब को दिखाने

के लिए लिया गया था। इसका सबब ये ही था कि अभिनेता कपड़ों और दाढ़ी-मूँछों के चलते नाटक के कथ्य और कारण को भूलकर नकली कैरेक्टाइज़ेशन में अपने आपको ना डुबो लें।

असेम्बली बमकांड में भगतसिंह के साथी बटुकेश्वर दत्त 1965 में सफ़दरजंग हस्पताल दिल्ली में मृत्यु को प्राप्त हुए थे, रीढ़ की हड्डी के कैंसर से। नाटक वहाँ से शुरू होता था...1921 में लौटता था...1931 में भगतसिंह की फाँसी को छूता हुआ अन्त के 1994 में कानपुर आकर ख़त्म होता था जहाँ शिव वर्मा तब तक जीवित थे। और इन सबको जोड़ने वाला पात्र था...मार्कंड त्रिवेदी।

इस नाटक के शो के बाद बहुत से लोगों की नम आँखें देखीं। उनमें उन बुज़ुर्गों की तादाद ज़्यादा थी जिन्होंने उस दौर को थोड़ा-बहुत नज़दीकी से महसूस किया था। "भला काम कर रहे हों बच्चो..." जैसे कँपकँपाते स्वर के आशीर्वाद हम जैसे उजड्ड लोगों को भी पलभर के लिए थरथरा दिया करते थे। "...कभी ये नाटक छपा तो हम उसे अपने बच्चे के जन्मदिन पर भेंट करना चाहेंगे बेटा...।" आमीन!...श्रेय...सरदार और उनके साथियों को जाता है। हम तो खाली निमित्तमात्र बन गए।

उस दौरान आदरणीय दुर्गा भाभी, डॉ. मन्मथनाथ गुप्त और शिव वर्मा जैसे लोगों से मिलने का भी सौभाग्य प्राप्त हुआ। आज इनमें से कोई भी जीवित नहीं है। निजामुद्दीन स्थित डा. गुप्त के आवास-गृह में पंडित चन्द्रशेखर आज़ाद की कसरत करते हुए एक दुर्लभ तस्वीर देखी! बाद में झाँसी के पास स्थित 'अज्ञात आवास स्थल' पर भी गया जहाँ वो काकोरी ट्रेन कांड के बाद छुपकर रहे थे। कोशिश के बाद पुरानी दिल्ली के सीताराम बाज़ार में वह दुकान भी खोज़ निकाली जहाँ से भगतसिंह और दत्त एसेम्बली में बम फेंकने गए थे। फिरोज़शाह कोटला के खंडहरों में भी एक-दो बार भटकने की कोशिश की...उस अहसास की निकटता पाने के लिए कि कभी इसी जगह 'हिन्दुस्तान रिपब्लिक एरोसिएशन' की ऐतिहासिक मीटिंग हुई होगी जहाँ भगतसिंह ने उसमें 'सोशलिस्ट', लफ्ज़ जोड़ा होगा।

सुखदेव से एक ना समझ में आने वाली मित्रता में बँधे भगतसिंह...। पंडित आज़ाद के प्रति एक लाड़-भरे सम्मान से ओतप्रोत भगतसिंह! महात्मा गांधी से क़तई इत्तेफ़ाक़ ना रख के भी उनके प्रति एक ख़ास और अनोखा

दृष्टिकोण लिये भगतसिंह...। पूर्णतया नास्तिक होने के बावज़ूद श्रीमद्भगवत गीता और विवेकानन्द के प्रति आस्था रखने वाले भगतसिंह...! माँ-बाप और परिवार के प्रति अपने असीम मोह को एक साक्षी के तौर पर दूर से देखने वाले भगतसिंह...। अपने साथियों की पहले मरने की होड़ा-होड़ी के बीचोंबीच सहज, सरल, दृढ़ और गम्भीर खड़े भगतसिंह...! 114 दिनों की अनोखी भूख-हड़ताल के संचालन के चलते रोज़ मर-मर के अमर होते चले जाते भगतसिंह...! पढ़ाकू भगतसिंह...! ख़ूबसूरत भगतसिंह...! शान्त भगतसिंह! हँसोड़ भगतसिंह...! इंटलेक्चुअल भगतसिंह...! युगदृष्टा भगतसिंह...! दुस्साहसी भगतसिंह...! और...प्रेमी भगतसिंह...! हम ये कहने में हमेशा गर्व करेंगे कि हम लोगों ने अपने दर्शकों के साथ समय की लौटती यात्रा करके उस काल को उन क्षणों में बहुत हद तक जी लिया।

इस लड़की के पात्र के बारे में और बतला दूँ। मेरी शुरू से धारणा थी कि लड़की के अस्तित्व को नकार कर भगतसिंह जैसे व्यक्ति पर नाटक नहीं लिखा जा सकता। इतिहासकारों का इस बारे में मत है कि ऐसी कोई लड़की नहीं थी। मगर हम इतिहास नहीं...नाटक लिखने के मूड में थे। पंजाब की हर गली में भगतसिंह की विधवा को लेकर गीत गाए जाते हैं। एक ऐसी लड़की जिसने उनकी मृत्यु के बाद में कभी शादी नहीं की। ये कितना सच है...कितना नहीं...ये तो मुझे नहीं मालूम...मगर उस दौरान ये मालूम पड़ा था कि ऐसी स्त्री पंजाब में ज़िन्दा है। उनसे मिलने का मूड भी बना लिया था। मगर तभी किसी अख़बार के मुखपृष्ठ पर ये ख़बर पढ़ी कि 'भगतसिंह की विधवा' नहीं रहीं। आदरणीय डॉ. सिद्धू और सम्मानित दोस्त डॉ. मदनगोपाल सिंह जैसे प्रबुद्ध लोगों ने इस बात का खंडन किया। मगर ख़बर मैंने पड़ी थी...अपनी आँखों से। तो इसका अर्थ ये ही निकाला गया कि महान् लोगों के बारे में दन्तकथाएँ भी महान् ही रची जाती हैं। 'गीतगोविन्द' के पहले राधा का अस्तित्व न था। श्रीकृष्ण के प्रति जयदेव जी की भक्ति के परिणामस्वरूप वो चरित्र पैदा हुआ जिसके बिना आज श्रीकृष्ण की कल्पना ही नहीं की जा सकती। लैला-मजनूँ के किस्से के पहले कोई क़ैस को नहीं जानता था। मगर लेखनी की गहराई ने ऐसा जादू किया कि बाद में लोगों ने ईरान में क़ैस की क़ब्र तक खोज़ निकाली। तो भगतसिंह तो फिर भी हाड़-मांस के इनसान थे...अभी सत्तर साल पहले।

सन् 2001 का उल्लेख किए बिना 'गगन...' की कहानी पूरी नहीं होती। जुलाई 2001, मुम्बई से फोन आया कि निर्देशक जनाब जी राजकुमार सन्तोषी भगतसिंह पर फ़िल्म बना रहे हैं और मुझसे मिलना चाहते हैं। उन्होंने नाटक के बारे में सुना था। मैं गया। उन्हें नाटक सुनाया। बेहद मुतास्सिर हुए। बोले कि नाटक के बहुत सारे दृश्य वैसे के वैसे इस्तेमाल करना चाहता हूँ साथ ही फ़िल्म की स्क्रिप्ट में भी तुम्हारा गहरा योगदान चाहता हूँ। मैंने अपनी सम्मति दी। नवम्बर 2001 तक वहाँ रहकर उनके लिए 'बहुत ज़्यादा कुछ' लिखा।

उसके बाद के अनुभव के बारे में ज़्यादा कुछ लिखना नहीं चाहता। किसी के प्रति कड़वाहट पाल कर आप ख़ुद कड़वे हो जाते हैं। सिर्फ़ इतना ही कहूँगा कि अगर हक़ के मारे जाने को एक प्रचलित प्रथा मान कर स्वीकार कर लिया जाता तो भगतसिंह जैसे लोगों को याद करने की ज़रूरत ही नहीं रह जाती। वो मुम्बई हों या कहीं और... ख़ुद को ज़िन्दा महसूस करने के लिए प्रतिरोध ज़रूरी है और प्रतिरोध किया गया! परिणाम भी उचित ही निकले! बाकी इस फ़िल्म के स्क्रीन-प्ले के क्रेडिट को देखकर आज भी ना मालूम क्यों होंठों पर मुस्कराहट सी दौड़ जाती है।

आख़िरी में अपनी दोस्त सुमन परमार का ज़िक्र करना चाहूँगा जिसने इस नाटक को पुनर्प्रकाशित करवाने के लिए मुझे बाध्य किया। और साथ ही अपने दोस्त श्री विकास नारायण राय का भी, जिन्होंने सर्वप्रथम इसे 'इतिहासबोध प्रकाशन' से छापा।

इन्क़लाब-ज़िन्दाबाद के साथ-साथ धन्यवाद!

—पीयूष मिश्रा

भगतसिंह के चंद दस्तावेज़

'ड्रीमलैंड' पुस्तक की भूमिका

[लाला रामसरन दास को प्रथम लाहौर षड्यंत्र केस (1915) में आजीवन कारावास की सज़ा देकर मद्रास प्रेसिडेंसी के केन्द्रीय कारागार भेज दिया गया था। वहाँ उन्होंने अंग्रेज़ी में एक लम्बी काव्य-पुस्तिका लिखी—शीर्षक था ड्रीमलैंड अर्थात् स्वप्नदेश। 1925 के आस-पास जेल से छूटने के बाद उन्होंने भगतसिंह और सुखदेव से सम्पर्क स्थापित किया और हि.स.प्र.स. में काम करने लगे। 1929 में फिर पकड़े गए। इस बार उनके कदम लड़खड़ाये और उन्होंने माफ़ीनामा स्वीकार कर लिया। कुछ दिनों बाद उन्होंने अपनी ग़लती महसूस की और अपना बयान वापस ले लिया। इस पर सरकार को धोखा देने के अपराध में उन्हें दो साल की सज़ा दी गई जो अपील में घटाकर 6 महीने कर दी गई थी।

इसी 6 महीने के कारावास के दौरान उन्होंने सरदार भगतसिंह के पास अपनी पुस्तक की पांडुलिपि भूमिका लिख देने के लिए भेजी। भगतसिंह ने रामसरन दास की कृति की पंक्तियों के पीछे झलकती उनकी भावना की सराहना की लेकिन क्रान्ति की समस्याओं के प्रति उनके स्वप्नवादी दृष्टिकोण की आलोचना भी की। इसके साथ ही प्रस्तुत लेख में उन्होंने ईश्वर, धर्म, हिंसा और अहिंसा, अध्यात्मवाद, साहित्य, काव्य आदि विषयों पर भी अपने विचार व्यक्त किए हैं।]

मेरे लायक दोस्त लाला रामसरन दास ने मुझसे अपनी पुस्तक 'ड्रीमलैंड' की भूमिका लिखने को कहा है। मैं न तो कवि हूँ न साहित्यकार, न मैं एक पत्रकार हूँ और न एक आलोचक। इसलिए मैं उनकी इस माँग का कोई औचित्य नहीं खोज़ पा रहा हूँ। लेकिन मैं जिन परिस्थितियों में हूँ वे मुझे लेखक से प्रश्न पर बहस करने और तर्क-वितर्क करने की सुविधा प्रदान नहीं करतीं और इस प्रकार वे मेरे सामने इसके अलावा कोई रास्ता नहीं छोड़तीं कि

मैं अपने मित्र की इच्छा पूरी करूँ। चूँकि मैं कवि नहीं हूँ, इसलिए मैं इस पर उस दृष्टिकोण से बहस करने नहीं जा रहा हूँ। मुझे छन्द और तुक का बिलकुल ज्ञान नहीं है और मैं यह भी नहीं जानता कि तुक के मानदंडों से परखने पर यह सही साबित होगी या नहीं। साहित्यकार न होने के नाते राष्ट्र के साहित्य में उसे उचित स्थान दिलाने के दृष्टिकोण से भी मैं उस पर बहस करने नहीं जा रहा हूँ।

एक राजनीतिक कार्यकर्ता होने के नाते मैं अधिक से अधिक इस पर उसी दृष्टिकोण से बात कर सकता हूँ। लेकिन यहाँ भी एक बात मेरे काम को करीब-करीब असम्भव बना देती है, क्योंकि मैं पुस्तक के विषय में लेखक से सहमत नहीं हूँ। मैं अपने मित्र से सभी मामलों में एकमत नहीं हूँ। इस बात को जानते थे कि मैं बहुत से बुनियादी प्रश्नों पर उनसे मतभेद रखता हूँ। इसलिए मैं जो लिखने जा रहा हूँ वह किसी भी हालत में पुस्तक की भूमिका नहीं होगी। वह बहुत कुछ उसकी आलोचना हो सकती है और इसलिए उसका स्थान पुस्तक के अन्त में होगा आरम्भ में नहीं।

राजनीतिक क्षेत्र में 'ड्रीमलैंड' का बहुत महत्त्वपूर्ण स्थान है। मौजूदा स्थिति में वह आन्दोलन की एक महत्त्वपूर्ण कमी को पूरा कर रहा है। दरअसल आधुनिक इतिहास में किसी प्रकार की महत्त्वपूर्ण भूमिका रखने वाला हर राजनीतिक आन्दोलन आदर्शहीन रहा है। क्रान्तिकारी आन्दोलन भी इसका अपवाद नहीं है। एक गदर पार्टी को छोड़कर जिसने अमरीकी ढंग की सरकार से प्रेरित होकर स्पष्ट कहा था कि वह भारत की मौजूदा सरकार को हटाकर उसके स्थान पर प्रजातांत्रिक ढंग की सरकार स्थापित करना चाहती है, अपनी पूरी कोशिशों के बावजूद मुझे ऐसी एक भी क्रान्तिकारी पार्टी नहीं मिली जिसे इस बात का स्पष्ट ज्ञान हो कि वह किस बात के लिए लड़ रही है। अन्य सभी पार्टियों में जो लोग थे वे मात्र इतना भर जानते थे कि उन्हें विदेशी शासकों से लड़ना है। यह विचार अपने में बहुत सराहनीय है लेकिन इसे क्रान्तिकारी विचार नहीं कहा जा सकता। हमें यह स्पष्ट कर देना चाहिए कि क्रान्ति का मतलब मात्र उथल-पुथल या एक ख़ूनी संघर्ष नहीं है। जब हम क्रान्ति की बात करते हैं तो उसमें मौजूदा हालातों अर्थात् सरकार को पूरी तरह ध्वस्त करने के बाद समाज के व्यवस्थित पुनर्गठन के कार्यक्रम की बात निहित है।

राजनीतिक क्षेत्र में उदारतावादी लिबरल्स मौजूदा सरकार के नीचे रह कर ही कुछ सुधार चाहते थे जबकि उग्रवादी लोगों की माँगें कुछ अधिक थीं और वे अपने उद्देश्य की प्राप्ति के लिए उग्र उपायों से काम लेने के लिए तैयार थे। क्रान्तिकारी हमेशा उग्र विचारों के हक़ में रहे हैं और उनका एक ही विचार रहा है—विदेशी आधिपत्य को उखाड़ फेंकना। निस्सन्देह इनमें कुछ ऐसे लोग भी थे जो इन उग्र उपायों से कुछ सुधार प्राप्त करना चाहते थे। इन सभी आन्दोलनों को सही अर्थों में क्रान्तिकारी नहीं कहा जा सकता। लेकिन लाला रामसरन दास पहले क्रान्तिकारी हैं जिन्हें पंजाब में एक बंगाली फरार ने 1908 में औपचारिक तौर पर क्रान्तिकारी पार्टी में भर्ती किया था। तब से वे लगातार क्रान्तिकारी आन्दोलन के सम्पर्क में रहे और अन्त में वे गदर पार्टी में भर्ती हो गए। लेकिन आन्दोलन के आदर्शों के बारे में उन लोगों के 1908 के क्रान्तिकारियों के जो पुराने विचार थे उन्होंने उनका परित्याग नहीं किया। पुस्तक की ख़ूबसूरती और उसके मूल्य को बढ़ाने वाली एक और भी दिलचस्प बात है। लाला रामसरन दास को 1915 में मृत्युदंड मिला था बाद में वह सज़ा घटा कर आजीवन कारावास कर दी गई थी। आज स्वयं फाँसी की कोठरी में बैठकर मैं अपने पाठकों से साधिकार कह सकता हूँ कि आजीवन कारावास मौत की बनिस्पत कहीं अधिक कठोर दंड है। लाला रामसरन दास को पूरे 14 साल जेल में बिताने पड़े थे और उन्होंने यह काव्य दक्षिण की किसी जेल में लिखा था। लेखक की उस समय की मनोदशा और मानसिक संघर्ष की काव्य पर स्पष्ट छाप है और वह इसे और भी सुन्दर तथा दिलचस्प बना देती है। इस काव्य को लिखने का निश्चय करने से पहले वह किन्हीं अवसादपूर्ण मनोभावों के विरुद्ध कठिन संघर्ष करता रहा है। ऐसे समय पर जब बहुत से साथी आश्वासन अंडरटेकिंग देकर छूट गए थे और सबके सामने, उसके सामने भी, बड़े-बड़े प्रलोभन थे, और जब पत्नी तथा बच्चों की मधुर तथा दुखद स्मृतियाँ मुक्ति-लाभ की प्रबल आकांक्षा की ओर अधिक बल दे रही थीं, तब उसे इन सब बातों के पस्त करने वाले प्रभाव के ख़िलाफ़ कठिन संघर्ष करना पड़ा था और उसने अपना ध्यान इस काव्य-रचना की ओर मोड़ दिया था। यही कारण है कि काव्य के प्रारम्भिक पदों में हमें इस प्रकार का आकस्मिक भावोद्वेग मिलता है।

Wife, children, friends that sorround
were poisonous snakes all around.

पत्नी, पुत्र, मित्रगण मेरे जो मुझको रहते हैं घेरे
विषधर नाग सदृश थे ये सब देते रहते चहुँदिसि फेरे।

वह आरम्भ में दर्शन की बात करता है। यह दर्शन बंगाल तथा पंजाब के सभी क्रान्तिकारी आन्दोलनों की रीढ़ है। मेरा लेखक से इस प्वाइंट पर बहुत बड़ा मतभेद है। उसकी विश्व की व्यवस्था हेतुवादी एवं पारलौकिक मेटाफिजिकल है, जबकि मैं एक भौतिकवादी हूँ और गोचर जगत की मेरी व्याख्या कारण सम्बद्ध होगी। फिर भी यह रचना किसी हालत में असामयिक नहीं है। हमारे देश में जो साधारण विचार प्रचलित हैं वे लेखक द्वारा व्यक्त किए गए विचारों से अधिक मेल खाते हैं।

इस समय की अपनी उदासी की मनोदशा से लड़ने के उद्‌देश्य से उसने प्रार्थना का मार्ग अपनाया है। यह इस बात से स्पष्ट है कि पुस्तक का सारा का सारा प्रारम्भिक भाग ईश्वर, उसकी स्तुति और उसकी प्रार्थना आदि को अर्पित है। ईश्वर पर विश्वास रहस्यवाद का परिणाम है और रहस्यवाद मानसिक अवसाद की स्वाभाविक उपज है। यह जगत माया है या मिथ्या है, एक स्वप्न या कल्पना है—ऐसे विचारों को रहस्यवाद कहते हैं। इन विचारों को पुराने जमाने के शंकराचार्य तथा उन जैसे अन्य दार्शनिकों ने जन्म दिया और विकसित किया था। लेकिन भौतिकवादी दर्शन के अन्तर्गत इस प्रकार की विचारधारा के लिए कोई स्थान नहीं है। फिर भी लेखक का यह रहस्यवाद किसी भी रूप में हीन, ओछा या खेदोत्पादक नहीं है। उसका अपना सौन्दर्य और आकर्षण है। उनके विचार उत्साहवर्धक हैं। देखिए—

निगाह से ओझल छिपे हुए बुनियाद के पत्थर बनो,
और अपने सीने पर सहर्ष बर्दाश्त करो
विशाल और भारी इमारत का बोझ,
कष्ट सहन में अनुभव करो सच्ची शरण सन्तोष,
करो न ईर्ष्या द्वार पर जड़े पत्थर से
जिस पर उड़ेलता है जग सारी प्रशंसा।

अपने व्यक्तिगत अनुभव के स्थान पर मैं साधिकार कह सकता हूँ कि गुप्त कार्यों में, जब मनुष्य को लगातार ख़तरे का जीवन बिताना पड़ता है, आशारहित और निर्भय हमेशा, अजानी, सम्मानरहित, संगीतहीन मृत्यु के लिए तत्पर—तब ऐसे अवसरों पर व्यक्तिगत प्रलोभनों और इच्छाओं से वह इस प्रकार के रहस्यवाद के सहारे ही लड़ सकता है और ऐसे रहस्यवाद किसी भी प्रकार से पस्ती या शिथिलता करने वाला नहीं होता।

लेखक ने एक क्रान्तिकारी की मनोवृत्ति का वर्णन किया है। लाला रामसरन दास एक ऐसी क्रान्तिकारी पार्टी के सदस्य थे जिसे बहुत ही हिंसक कार्यों के लिए उत्तरदायी ठहराया गया था। लेकिन इससे यह साबित नहीं होता कि क्रान्तिकारी लोग बरबादी और तबाही में सुख अनुभव करने वाले ख़ून के प्यासे दानव होते हैं। देखिए—

> यदि आवश्यकता हो तो ऊपर से उग्र एवं भयानक बनो,
> लेकिन अपने दिल में हमेशा नम्र रहो,
> फुफकारो यदि आवश्यकता हो, किन्तु काटो मत,
> दिल से प्यार करो और ऊपर से लड़ो,

निर्माण के लिए ध्वंस आवश्यक ही नहीं अनिवार्य है। क्रान्तिकारियों को उसे अपने कार्यक्रम के आवश्यक अंग के रूप में अपनाना पड़ता है। और किया गया है। लेनिन ने एक बार गोर्की से कहा था कि ऐसा संगीत सुनने को नहीं मिला जो शरीर के तन्तुओं में प्राण फूँक दे और यह कि ऐसा संगीत सुनकर उनकी इच्छा कलाकारों के सर थपथपाने की होती है। उन्होंने आगे कहा, "लेकिन यह समय सर थपथपाने का नहीं है। इस समय तो हाथों का काम सरों को तोड़ने का है, यद्यपि हमारा अन्तिम उद्‌देश्य हर प्रकार की हिंसा को समाप्त करना है।" जब क्रान्तिकारियों को एक अनिवार्य आवश्यकता के रूप में हिंसात्मक उपायों से काम लेना पड़ता है तो भी वे ठीक ऐसा ही अनुभव करते हैं।

इसके बाद लेखक ने आपस में टकराने वाले विभिन्न धर्मों की समस्या को लिया है। वह सभी धर्मों में तालमेल बिठलाने की कोशिश करता है जैसाकि प्रायः सभी राष्ट्रवादी करते हैं। प्रश्न को सुलझाने का यह तरीका लम्बा और गोल-मोल है और जहाँ तक मेरा सवाल है मैं इसे कार्ल मार्क्स के एक वाक्य

में यह कहकर रद्द कर दूँगा कि "धर्म जनता के लिए अफ़ीम है।"

अन्त में उनकी कविता का सबसे महत्त्वपूर्ण हिस्सा वह आता है जहाँ उसने भावी समाज के बारे में लिखा है, जिस समाज की स्थापना के लिए हम सब लालायित हैं। लेकिन मैं आरम्भ में ही एक बात स्पष्ट कर देना चाहता हूँ। 'ड्रीमलैंड' सचमुच का एक स्वप्नलोक है। लेखक ने बड़े ही निष्कपट भाव से पुस्तक के शीर्षक के द्वारा इसे स्वीकार कर लिया है। वह इस विषय पर कोई वैज्ञानिक थीसिस लिखने का दावा नहीं करता। ड्रीमलैंड शीर्षक इस बात को बिलकुल स्पष्ट कर देता है। लेकिन स्वप्नलोकों की सामाजिक प्रगति में निश्चित रूप से बड़ी महत्त्वपूर्ण भूमिका है। सेन्ट साइमन, फूरिये और राबर्ट ओवेन और उनके सिद्धान्तों के अभाव में मार्क्सवादी वैज्ञानिक समाजवाद भी न होता। जब हमारे कार्यकर्ता अपने आन्दोलन के दर्शन को और आन्दोलन के बारे में एक वैज्ञानिक दृष्टिकोण गढ़ने के महत्त्व को समझेंगे, उस समय यह पुस्तक उनके लिए बहुत उपयोगी सिद्ध होगी।

मैंने यह बात मार्क की है कि लेखक की अभिव्यक्त-शैली परिमार्जित नहीं है। अपने स्वप्नलोक का वर्णन करते समय लेखक मौजूदा समाज के विचारों से अछूता नहीं रह पाया है।

ज़रूरतमंदों को दान देना

भविष्य से समाज में, अर्थात् कम्यूनिस्ट समाज में, जिसका हम निर्माण करना चाहते हैं, हम धर्मार्थ संस्थाएँ स्थापित करने नहीं जा रहे हैं, बल्कि उस समाज में न ग़रीब होंगे न ज़रूरतमंद, न दान देने वाले न दान लेने वाले। इस असंगति के बावजूद लेखक ने प्रश्न को बड़ी ख़ूबसूरती के साथ पेश किया है।

पुस्तक में लेखक ने समाज की जिस साधारण रूपरेखा पर बहस की है वह बहुत कुछ वैसी है जैसी वैज्ञानिक समाजवाद की। लेकिन उसमें ऐसी बातें भी हैं जिनका विरोध या प्रतिवाद आवश्यक है। या यूँ कहा जाए कि उनमें सुधार आवश्यक है। मिसाल के तौर पर 427वें पद के नीचे दी हुई टिप्पणी में वह लिखा है कि राज्य-कर्मचारियों को अपनी रोज़ी कमाने के लिए प्रतिदिन चार घंटे खेतों पर या कारख़ानों में काम करना चाहिए। लेकिन यह अव्यावहारिक तथा हवाई बात है। यह बात शायद आज की व्यवस्था में राज्य-कर्मचारियों को जो ऊँचा वेतन दिया जाता है उसके ख़िलाफ़ प्रतिक्रिया की

ही उपज है। दरअसल बोल्शेविकों को भी यह स्वीकार करना पड़ा था कि दिमाग़ी काम उतना ही उत्पादक श्रम है जितना कि शारीरिक श्रम, और आने वाले समाज में जब विभिन्न तत्वों के आपसी सम्बन्धों का समायोजन समानता के आधार पर होगा तो उत्पादक और वितरक दोनों समान रूप से महत्त्वपूर्ण माने जाएँगे। आप एक नाविक से यह उम्मीद नहीं कर सकते कि वह 24 घंटे बाद अपना जहाज रोक कर रोटी कमाने के लिए 4 घंटे काम करने के लिए चला जाएगा, या एक वैज्ञानिक अपनी प्रयोगशाला और अपना प्रयोग-काम छोड़कर खेत पर अपने काम का कोटा पूरा करने चला जाएगा। यह दोनों ही बहुत उत्पादक कार्य कर रहे हैं। समाजवादी समाज में इतने ही अन्तर की आशा की जाती है कि दिमाग़ी काम करने वाला शारीरिक काम करने वाले से ऊँचा नहीं माना जाएगा।

निःशुल्क शिक्षा के बारे में लाला रामसरन दास का विचार सचमुच ध्यान देने योग्य है और रूस में वहाँ की समाजवादी सरकार ने बहुत कुछ उसी प्रकार की पद्धति अपनाई है।

अपराध के बारे में सचमुच उनकी बहस बहुत आगे बढ़ी हुई विचारधारा है। अपराध जुर्म एक बहुत गम्भीर सामाजिक समस्या है जो बहुत सतर्क इलाज चाहती है। लेखक ने अपने जीवन का अच्छा भाग जेल में बिताया है। उसे अमली तजुर्बा है। एक स्थान पर उसने ठेठ जेल शब्दावली का प्रयोग किया है। जैसे हल्की मशक्कत, दरम्यानी मशक्कत और सख़्त मशक्कत आदि। सभी अन्य समाजवादियों की भाँति उसका सुझाव है कि दंड का आधा प्रतिशोध के बजाय सुधार का सिद्धान्त होना चाहिए। न्याय विधान को परिचालित करने वाला सिद्धान्त दंड देना न होकर सुपथ पर लाना होना चाहिए, और जेलों का रूप वास्तविक नर्क होने के बजाय सुधारालयों का हो। इस सम्बन्ध में पाठकों को चाहिए कि रूसी कारागार व्यवस्था का अध्ययन करें।

सेनाओं पर बात करते समय उसने युद्धों पर भी अपने विचार प्रकट किए हैं। मेरा मत है कि उस समय (भविष्य में—अनु.) के विश्वकोष में युद्ध के बारे में बहुत कम सफे रहेंगे और युद्ध-सामग्री अजायबघरों की शोभा बढ़ाएगी, क्योंकि उस समाज में युद्धों को जन्म देने वाले परस्पर विरोधी हित नहीं रह जाएँगे।

अधिक से अधिक हम यह कह सकते हैं कि युद्ध संक्रमण काल तक

रहेंगे। यदि हम रूस का उदाहरण लें तो इस बात को अच्छी तरह समझ सकेंगे। वहाँ इस समय सर्वहारा वर्ग का अधिनायक तंत्र है। वे लोग समाजवादी समाज की स्थापना करना चाहते हैं। तब तक के लिए पूँजीवादी समाज से अपनी रक्षा के लिए उन्हें एक सेना रखनी पड़ रही है। लेकिन उनके युद्ध-उद्देश्य भिन्न होंगे। क्रान्तिकारी सेनाएँ दूसरे देशों में जाएँगी—वहाँ की जनता पर शासन करने या उसे लूटने के लिए नहीं, बल्कि शोषक शासकों को उनके सिंहासन से नीचे गिराने के लिए, उनके ख़ून चूसने वाले शोषण का अन्त करने के लिए और वहाँ की मेहनतकश जनता को मुक्ति दिलाने के लिए। लेकिन वहाँ हमारे जवानों को लड़ने के लिए, उकसाने के लिए पुरानी राष्ट्रीय या जातीय प्रथा नहीं होगी।

आज के सभी मुक्त विचारकों का सबसे अधिक जनप्रिय और फौरी उद्देश्य है विश्व संघ, और लेखक ने उस पर अच्छा लिखा है और तथाकथित 'लीग ऑफ़ नेशंस' की आलोचना बड़ी सुदूर है। 571 व 572 पद के नीचे दिए गए एक फुटनोट में लेखक ने संक्षेप में उपायों के प्रश्न को लिया है। वह कहता है, इस प्रकार के राज्य शारीरिक हिंसात्मक क्रान्तियों द्वारा नहीं स्थापित किए जा सकते। वह समाज पर बाहर से थोपा नहीं जा सकता। उसे तो अन्दर से ही विकसित होना पड़ेगा। इसकी प्राप्ति धीरे-धीरे क्रम-विकास की प्रक्रिया द्वारा और जनता को ऊपर बतलाई लाइन पर प्रशिक्षित करके हो सकती है, आदि। इस बयान में अपने में कोई असंगति नहीं है। यह बिलकुल सही है। लेकिन पूरी तरह से उसकी व्याख्या न की जाने के कारण वह कुछ-कुछ ग़लतफहमियाँ या उलझाव पैदा कर सकता है। क्या इसका यह मतलब है कि लाला रामसरन दास को बल प्रयोग की निरर्थकता का ज्ञान हो गया है? क्या वे अहिंसा के कट्टर समर्थक हो गए हैं? इसका यह मतलब नहीं निकलता?

उपरोक्त बयान का क्या मतलब है? आइये उस पर थोड़ी रोशनी डालते चलें। अन्य किसी व्यक्ति की अपेक्षा क्रान्तिकारी इस बात को ज़्यादा अच्छी तरह समझते हैं कि समाजवादी समाज की स्थापना हिंसात्मक उपायों से नहीं हो सकती, बल्कि उसे अन्दर से ही प्रस्फुटित और विकसित होना चाहिए। लेखक का सुझाव है कि उपाय के रूप में केवल प्रशिक्षण से ही काम लेना चाहिए। लेकिन हर व्यक्ति इस बात को अच्छी तरह समझ सकता है कि यहाँ की मौजूदा सरकार, दरअसल सभी पूँजीवादी सरकारें, इस प्रकार के प्रयोगों

की न सिर्फ़ सहायता करेंगी बल्कि इसके विपरीत निर्दयतापूर्वक उसका दमन करेंगी। तब उस क्रम-विकास से क्या हाथ लगेगा? हम क्रान्तिकारी लोग सत्ता हथियाने और एक क्रान्तिकारी सरकार संगठित करने का प्रयास कर रहे हैं। उस सरकार को जनता को प्रशिक्षित करने के लिए अपने सभी साधनों को काम में लाना होगा, जैसाकि इस समय रूस में हो रहा है। पूँजीपतियों के हाथ से सत्ता छीनने के पश्चात् रचनात्मक कार्य के लिए शान्तिपूर्ण उपाय काम में लाये जाएँगे और बाधाओं को कुचलने में शक्ति का प्रयोग किया जाएगा। यदि लेखक का यही अभिप्राय है तो हम उसके साथ हैं और मुझे विश्वास है कि उसका यही मतलब है।

पुस्तक पर मैंने काफी विस्तार से लिखा है। दरअसल मैंने उसकी आलोचना लिख डाली है। लेकिन मैं पुस्तक में किसी प्रकार का परिवर्तन करने के लिए कहने नहीं जा रहा हूँ क्योंकि उसका एक ऐतिहासिक मूल्य है। 1914-15 के क्रान्तिकारियों के यही विचार थे।

मैं अपने नौजवानों के लिए ख़ास तौर पर इस पुस्तक की सिफारिश करता हूँ, लेकिन एक चेतावनी के साथ। कृपया आँख मूँद कर इस पर अमल करने के लिए या इसमें जो कुछ लिखा है उसे वैसा ही मान लेने के लिए इसे न पढ़ें। इसे पढ़ें, इसकी आलोचना करें, इस पर सोचें और इसकी सहायता से स्वयं अपनी समझदारी बनाएँ।

—भगतसिंह

15-1-31

[नोट : अँगरेजी कविता का हिन्दी रूपान्तर शिव वर्मा ने किया है जो संस्मृतियों से लिया गया है।]

प्रेम को परिभाषित करता भगतसिंह का पत्र साथी सुखदेव के नाम

[एक क्रान्तिकारी के जीवन में प्रेम का क्या स्थान है इसको लेकर भगतसिंह और सुखदेव के बीच कुछ ग़लतफहमी हो गई थी। इस पत्र में भगतसिंह ने इसी विषय पर अपने विचार व्यक्त किए हैं। यह पत्र दिल्ली में सीताराम बाज़ार की डेन में 5 अप्रैल, सन् 1929 को लिखा गया था और 6 अप्रैल को शिव वर्मा ने लाहौर जाकर सुखदेव को दिया था। 13 अप्रैल को सुखदेव की गिरफ़्तारी के समय पुलिस ने यह पत्र उनके पास से बरामद किया और लाहौर षड्यंत्र केस में अदालत के सामने पेश किया था।]

प्रिय भाई,

जैसे ही यह पत्र तुम्हें मिलेगा, मैं जा चुका हूँगा—दूर एक मंज़िल की ओर। मैं तुम्हें विश्वास दिलाना चाहता हूँ कि मैं आज बहुत ख़ुश हूँ, हमेशा से ज़्यादा। मैं यात्रा के लिए तैयार हूँ। अनेक-अनेक मधुर स्मृतियों के होते और अपने जीवन की सब खुशियों के होते भी एक बात मेरे मन में चुभती रही थी कि मेरे भाई, मेरे अपने भाई ने मुझे ग़लत समझा और मेरे ऊपर बहुत ही गम्भीर आरोप लगाया—कमज़ोरी। आज मैं पूरी तरह संतुष्ट हूँ, पहले से कहीं अधिक। आज मैं महसूस करता हूँ कि वह बात कुछ भी नहीं थी, एक ग़लतफहमी थी, एक ग़लत अन्दाज़ था। मेरे खुलेपन को मेरा बातूनीपन समझा गया और मेरी आत्मस्वीकृति को मेरी कमज़ोरी। परन्तु अब मैं महसूस करता हूँ कि कोई ग़लतफहमी नहीं, मैं कमज़ोर नहीं, अपनों में से किसी से भी कमज़ोर नहीं।

मेरे भाई, मैं साफ दिल से विदा लूँगा। क्या तुम भी साफ होगे? यह तुम्हारी बड़ी दयालुता होगी, लेकिन ख़याल रखना तुम्हें जल्दबाजी में कोई कदम नहीं बढ़ाना चाहिए। गम्भीरता और शान्ति से तुम्हें काम को आगे बढ़ाना है। जल्दबाजी में मौक़ा पा लेने का प्रयत्न न करना। जनता के प्रति तुम्हारा कुछ कर्तव्य है उसे निभाते हुए काम को निरन्तर सावधानी से करते रहना।

सलाह के तौर पर मैं कहना चाहूँगा कि शास्त्री मुझे पहले से ज़्यादा अच्छा लग रहा है। मैं उसे मैदान में लाने की कोशिश करूँगा, बशर्ते कि वह साफगोई से अपने आपको एक अँधेरे भविष्य के प्रति समर्पित करने को तैयार हो। उसे दूसरे लोगों के साथ मिलने दो और उनके हाव-भाव का अध्ययन होने दो। यदि वो ठीक भावना से काम करेगा तो बहुत उपयोगी और मूल्यवान सिद्ध होगा। लेकिन जल्दी न करना, तुम्हीं स्वयं अच्छे निर्णायक हो। जिस तरह जँचे देख लेना। आओ भाई अब हम खुशियाँ मना लें।

ख़ुशी के इस माहौल में मैं यह कह सकता हूँ कि जिस प्रश्न पर हमारी बहस है उसमें मैं अपना पक्ष लिए बिना नहीं रह सकता। मैं पूरे ज़ोर से कहता हूँ कि मैं आकांक्षाओं और आशाओं से भरपूर हूँ और जीवन की आनन्दमय रंगीनियों से ओत-प्रोत हूँ, पर आवश्यकता के समय पर सब कुछ कुर्बान कर सकता हूँ और यही वास्तविक बलिदान है। ये चीज़ें मनुष्य के रास्ते में रुकावट नहीं बन सकतीं, बशर्ते कि वह मनुष्य हो। निकट भविष्य में ही तुम्हें प्रत्यक्ष प्रमाण मिल जाएगा।

किसी व्यक्ति के चरित्र के बारे में बातचीत करते हुए एक बात सोचनी चाहिए कि क्या प्यार कभी किसी मनुष्य के लिए सहायक सिद्ध हुआ है। मैं आज इस प्रश्न का उत्तर देता हूँ—हाँ, यह मेजिनी था। तुमने अवश्य ही पढ़ा होगा कि अपनी पहली विद्रोही असफलता, मन को कुचल डालने वाली हार, मरे हुए साथियों की याद, वह बर्दाश्त नहीं कर सकता था। यह पागल हो जाता या आत्महत्या कर लेता, लेकिन प्रेमिका के एक पत्र से वह दूसरों जितना ही नहीं बल्कि सबसे अधिक मजबूत हो गया।

जहाँ तक प्यार के नैतिक स्तर का सम्बन्ध है मैं कह सकता हूँ कि यह अपने आप में एक भावना से अधिक और कुछ भी नहीं, लेकिन यह पाशविक वृत्ति नहीं, एक मानवीय अत्यन्त मधुर भावना है। प्यार अपने में

कभी भी पाशविक वृत्ति नहीं है। प्यार तो हमेशा मनुष्य के चरित्र को ऊँचा उठाता है—यह कभी भी उसे नीचा नहीं करता, बशर्ते कि प्यार प्यार हो। तुम कभी इन लड़कियों को वैसी पागल नहीं कह सकते, जैसे कि फ़िल्मों में हम प्रेमियों को देखते हैं। वे सदा पाशविक वृत्तियों के हाथों खेलती हैं। सच्चा प्यार कभी भी गढ़ा नहीं जा सकता। वह अपने ही मार्ग से आता है। कोई नहीं कह सकता कब।

हाँ, मैं यह कह सकता हूँ कि एक युवक, एक युवती आपस में प्यार कर सकते हैं और वे अपने प्यार के सहारे अपने आवेगों से ऊपर उठ सकते हैं, अपनी पवित्रता बनाए रख सकते हैं। मैं यहाँ एक बात साफ कर देना चाहता हूँ कि जब मैंने प्यार को इनसानी कमज़ोरी कहा था तो यह किसी सामान्य व्यक्ति को लेकर नहीं कहा था, जिस स्तर पर कि आम आदमी होते हैं। यह एक अत्यन्त आदर्श स्थिति होती होगी जब मनुष्य प्यार, घृणा और अन्य सभी भावनाओं पर काबू पा लेगा, जब मनुष्य अपनी आत्मा के निर्देश को अपने कार्यों का आधार बना लेगा। लेकिन आधुनिक समय में यह कोई बुराई नहीं है बल्कि मनुष्य के लिए अच्छा और लाभदायक है। मैंने एक व्यक्ति के दूसरे व्यक्ति से प्यार की निन्दा की है पर वह भी एक आदर्श स्थिति होने पर। मनुष्य के पास प्यार की एक गहरी भावना होनी चाहिए जिसे वह एक व्यक्तिविशेष तक सीमित न रखकर विश्वव्यापी बना दे।

मैं समझता हूँ कि मैंने अपनी स्थिति को काफी स्पष्ट कर दिया है। हाँ, एक बात मैं तुम्हें ख़ास तौर पर बताना चाहता हूँ कि क्रान्तिकारी विचारों के होते हुए भी हम नैतिकता के सम्बन्ध में आर्यसमाजी ढंग की कट्टर धारणा नहीं अपना सकते। हम बढ़-चढ़कर बातें करके उस कमज़ोरी को आसानी से छुपा सकते हैं, लेकिन वास्तविक जीवन में हम तुरन्त ही थर-थर काँपना शुरू कर देते हैं।

मैं तुमसे कहूँगा कि यह कमज़ोरी छोड़ दो। अपने मन में बग़ैर किसी ग़लत भावना के क्या मैं गहरी नम्रता के साथ तुमसे आग्रह कर सकता हूँ कि तुममें जो अति आदर्शवाद है उसे जरा कम कर दो। और जो पीछे रहेंगे और मेरे जैसी बीमारी का शिकार होंगे उनसे बेरुखी का व्यवहार न करना, उनकी भर्त्सना करके उनके दुखों और तकलीफ़ों को न बढ़ाना क्योंकि उन्हें तुम्हारी सहानुभूति की आवश्यकता है। क्या मैं यह आशा कर सकता हूँ कि किसी

ख़ास व्यक्ति से द्वेष रखे बिना तुम उनके साथ हमदर्दी करोगे, जिन्हें इसकी सबसे अधिक आवश्यकता है! लेकिन तुम तब तक इन बातों को नहीं समझ सकते, जब तक कि तुम स्वयं उस चीज़ का शिकार न बनो। लेकिन मैं यह सब क्यों लिख रहा हूँ। दरअसल मैं अपनी बातें साफ तौर से कह देना चाहता हूँ। मैंने अपना दिल साफ कर लिया है।

तुम्हारी हर सफलता और सुखी जीवन की कामना सहित—

तुम्हारा भाई

भगतसिंह

युवा राजनीतिक कार्यकर्ताओं के नाम

[2 फरवरी, 1931 की फाँसी की कोठरी में बैठकर लिखे गए इस दस्तावेज को भारत के युवा राजनीतिक कार्यकर्ताओं के लिए भगतसिंह का एक प्रकार का निर्देश कहा जा सकता है। उस समय कांग्रेस और ब्रिटिश सरकार के बीच किसी प्रकार के समझौते की सम्भावना की चर्चा ज़ोरों पर थी। इस दस्तावेज के माध्यम से भगतसिंह ने बतलाया कि किन परिस्थितियों में समझौते की इजाजत दी जा सकती है और किन परिस्थितियों में नहीं दी जा सकती। उन्होंने यह भी कहा कि कांग्रेस जिस तरह से आन्दोलन चला रही है उस तरह से उसका अन्त अनिवार्यत: किसी न किसी प्रकार के समझौते में ही होगा।

उस समय की देश की परिस्थितियों का विश्लेषण करने के बाद अन्त में उन्होंने नौजवानों को सलाह दी कि वे मार्क्सवाद के सिद्धान्त को अपनाएँ, जनता के बीच काम करें, किसानों और मज़दूरों को संगठित करें और कम्यूनिस्ट पार्टी का गठन करें।

भगतसिंह की फाँसी के बाद इस दस्तावेज को काट-छाँट कर प्रकाशित किया गया था। सोवियत रूस, मार्क्स, लेनिन और कम्यूनिस्ट पार्टी से सम्बन्धित सभी अंश काट दिए गए थे। आगे चलकर भारत सरकार ने 1936 में अपनी एक गुप्त रिपोर्ट में इस दस्तावेज को ज्यों का त्यों प्रकाशित किया। इसी गुप्त रिपोर्ट की फोटो स्टेट कापी लखनऊ में शहीद स्मारक व स्वतंत्रता संग्राम शोध केन्द्र में सुरक्षित है।]

प्रिय साथियो,

हमारा आन्दोलन इस समय एक बहुत ही महत्त्वपूर्ण दौर से गुज़र रहा है। एक साल के भीषण संघर्ष के बाद गोलमेज सम्मेलन ने संवैधानिक सुधारों के सम्बन्ध में कुछ निश्चित प्रस्ताव किए हैं और कांग्रेस नेताओं को

इस पर...(अस्पष्ट, सम्भवत: विचार के लिए—सं.) बुलाया गया है कि क्या वे मौजूदा हालात में अपना आन्दोलन वापस लेना उचित समझेंगे। हमारे लिए इसका ख़ास महत्त्व नहीं है कि वे इसके पक्ष में फ़ैसला करते हैं या इसके ख़िलाफ़। मौजूदा आन्दोलन को किसी-न-किसी तरह के समझौते पर ही समाप्त होना है। यह समझौता देर-सबेर होना ही है। और समझौता कोई वैसी बुरी तथा निन्दनीय चीज़ भी नहीं है जैसाकि हम अक्सर उसे समझते हैं। इसके बजाय वह राजनीतिक रणनीति का एक अपरिहार्य हिस्सा है। जब कोई राष्ट्र उत्पीड़कों के ख़िलाफ़ खड़ा होता है तो शुरू में तो उसे नाकामी ही मिलती है और अपने संघर्ष की इस बीच की अवधि में उसे समझौतों के जरिए आंशिक सुधार हासिल करने होते हैं। और अन्तिम चरण में ही कहीं जाकर, जब वह एक राष्ट्र के तौर पर अपनी सारी शक्तियों तथा सारे साधनों को संगठित कर लेता है, वह ऐसा निर्णायक प्रहार कर सकता है जिससे शासक सरकार को उखाड़ने में कामयाब हो जाए। लेकिन इस स्थिति में भी वह असफल भी हो सकता है और उस सूरत में किसी तरह का समझौता अपरिहार्य हो जाता है। रूस के उदाहरण से इसे सबसे अच्छी तरह से समझा जा सकता है।

1905 में रूस में क्रान्तिकारी आन्दोलन फूट पड़ा था। सारे नेताओं को कामयाबी की उम्मीद थी। लेनिन बाहर से लौट आये थे। जहाँ उन्होंने शरण ले रखी थी वह संघर्ष का नेतृत्व कर रहे थे। लोग उन्हें बताने आये कि एक दर्जन जमींदारों को मार दिया गया है और कि उनके दर्जनों भवनों को जला दिया गया है। लेनिन ने जवाब दिया कि वापस जाएँ और बारह सौ जमींदारों और उनके इतने ही भवनों को जला दें। उनका कहना था कि क्रान्ति अगर असफल भी हो गई तब भी यह काम तो अपनी जगह रहेगा ही। ड्यूमा (संसद) का गठन किया गया। अब उन्हीं लेनिन ने ड्यूमा में हिस्सा लेने के दृष्टिकोण की वकालत की। वह 1907 की बात है। 1906 में उन्होंने पहली ड्यूमा में शिरकत का विरोध किया था जिसे दूसरी ड्यूमा के मुकाबले में, जिसके अधिकार घटा दिए गए थे, काम करने का ज़्यादा मौक़ा दिया गया था। उनके रुख में यह बदलाव इसलिए आया क्योंकि हालात बदल चुके थे। प्रतिक्रिया की ताक़तें हावी होती जा रही थीं और लेनिन ड्यूमा के मंच को समाजवादी विचारों के प्रचार के मंच के रूप में इस्तेमाल करना चाहते थे।

पुनः 1917 की क्रान्ति के बाद, जब बोल्शेविकों को ब्रैस्ट लिटव्स्क सन्धि करनी पड़ी तो, लेनिन के सिवा सबने इसका विरोध किया। लेकिन लेनिन ने कहा कि 'शान्ति' कायम होनी चाहिए, शान्ति तथा शान्ति, हर क़ीमत कर शान्ति—यहाँ तक कि जर्मन युद्ध पिपासुओं को अनेक रूसी प्रान्त देने की क़ीमत पर भी शान्ति। जब कुछ बोल्शेविक विरोधियों ने इस सन्धि के लिए लेनिन की निन्दा की तो लेनिन ने दो टूक शब्दों में घोषणा की, कि बोल्शेविक इस स्थिति में नहीं हैं कि जर्मन हमले का मुकाबला कर सकें और कि वे बोल्शेविक सरकार के पूरी तरह से खात्मे के मुकाबले सन्धि करना ज़्यादा पसन्द करेंगे।

मेरे कहने का मतलब यह है कि समझौता एक आवश्यक हथियार है जिसे जैसे-जैसे संघर्ष बढ़ता है, बार-बार इस्तेमाल करना पड़ता है। बहरहाल, आन्दोलन का लक्ष्य एक ऐसी चीज़ है जिसे हमें हमेशा निगाहों के सामने रखना चाहिए। हमारे समाने यह हमेशा साफ रहना चाहिए कि हम किस लक्ष्य के लिए लड़ रहे हैं। इसकी मदद से ही हम अपने आन्दोलन की सफलताओं-असफलताओं का जायजा ले पाएँगे और भविष्य का कार्यक्रम तय कर पाएँगे, लक्ष्य की बात छोड़ दें तो तिलक नीति, यानी उनकी कार्यनीति, सबसे अच्छी थी। अगर आप अपने दुश्मन से सोलह आना हासिल करने को लड़ रहे हैं तो आपको सिर्फ़ एक आना मिलेगा। उसे जेब में रखो और बाकी के लिए लड़ो। लेकिन, नरमदली समझौता करते हैं अपने लक्ष्यों के साथ। वे एक आना हासिल करने के लिए निकलते हैं और उसे भी पा नहीं सकते। क्रान्तिकारियों को हमेशा याद रखना चाहिए कि वे पूर्ण क्रान्ति के लिए लड़ रहे हैं, अपने हाथों में पूरी सत्ता प्राप्त करने के लिए लड़ रहे हैं। समझौते इसलिए बदनाम हैं कि अनुदारतावादी समझौते के बाद क्रान्तिकारी शक्तियों को तितर-बितर करने की कोशिश करते हैं। लेकिन साहसी तथा योग्य क्रान्तिकारी आन्दोलन को ऐसे धक्कों से बचा सकते हैं। हमें ऐसे मुकाम पर बहुत ही सजग रहना चाहिए ताकि वास्तविक मुद्दों, ख़ासकर लक्ष्य के बारे में कोई गफलत न हो सके। ब्रिटिश मज़दूर नेताओं ने अपने सच्चे संघर्ष के साथ विश्वासघात किया है और ढोंगी साम्राज्यवादी-भर बनकर रह गए हैं। मेरी राय में हमारे लिए इन रंगे-चुने साम्राज्यवादी मज़दूर नेताओं के मुकाबले पक्के अनुदारपंथी कहीं बेहतर हैं। कार्यनीति तथा रणनीति

के मामले में हमें लेनिन के जीवन तथा कार्य का अध्ययन करना चाहिए। समझौते के प्रश्न पर उनके स्पष्ट विचार 'लेफ्ट विंग कम्युनिज़्म' (अब वामपंथी कम्युनिज़्म एक बचकाना मर्ज के नाम से अनूदित—सं.) में देखे जा सकते हैं।

मेरा कहना है कि वर्तमान आन्दोलन, यानी मौजूदा संघर्ष का किसी तरह के समझौते या पूर्ण असफलता में समाप्त होना तय है।

मैंने ऐसा इसलिए कहा कि मेरी राय में इस बार वास्तविक क्रान्तिकारी शक्तियों को युद्ध के मैदान में नहीं उतारा गया है। यह संघर्ष मध्यवर्गीय दुकानदारों तथा गिने-चुने पूँजीपतियों पर निर्भर है। ये दोनों ही, ख़ासकर बाद वाले लोग, किसी संघर्ष में अपनी संपत्ति या मिल्कियतों को ख़तरे में डालने की हिम्मत नहीं कर सकते। सच्ची क्रान्तिकारी सेनाएँ गाँवों में तथा फैक्टरियों में हैं—किसान और मज़दूर हैं। लेकिन हमारे पूँजीवादी नेता उन्हें छू नहीं सकते, उन्हें सामने लाने की हिम्मत नहीं कर सकते। यह सोता हुआ शेर अगर एक बार अपनी नींद से जग गया तो फिर उसे उन लक्ष्यों की प्राप्ति के बाद भी जिन्हें हमारे नेता पाना चाहते हैं, रोका नहीं जा सकेगा। 1920 में अहमदाबाद के मज़दूरों के साथ अपने पहले अनुभव के बाद ही महात्मा गांधी ने घोषणा की थी कि "हमें मज़दूरों के साथ छेड़-छाड़ नहीं करनी चाहिए, फ़ैक्ट्री सर्वहारा का राजनीतिक इस्तेमाल करना ख़तरनाक है," (द टाइम्स, मई 1921) उसके बाद से उन्होंने कभी मज़दूरों के नज़दीक जाने की कोशिश नहीं की। 1922 के बारदोली प्रस्ताव से साफ है कि ये नेतागण उस समय कितने आतंकित हो उठे थे जब उन्होंने देखा कि विराट किसान वर्ग सिर्फ़ विदेशी ग़ुलामी नहीं बल्कि जमींदारों के भी जुए को उतार फेंकने के लिए उठकर खड़ा हो रहा है।

यहीं जाकर हमारे नेता किसानों के बजाय ब्रिटिश शासकों के सामने समर्पण करना पसन्द करते हैं। पं. नेहरू के सिवा उनमें कोई और ऐसा नेता है जिसने किसानों या मज़दूरों को संगठित करने का कोई प्रयास किया हो? नहीं, वे यह ख़तरा मोल नहीं ले सकते। यही उनकी सीमा है। इसीलिए मैं कहता हूँ कि उनकी मंशा कभी पूर्ण क्रान्ति की नहीं रही। वे तो यही चाहते हैं कि आर्थिक तथा प्रशासनिक दबाव के जरिए भारतीय पूँजीपतियों के लिए कुछ नए सुधार, कुछ नयी रियायतें हासिल की जाएँ। पूरी ईमानदारी से

'इन्क़लाब ज़िन्दाबाद' का नारा बुलन्द करने वाले युवा कार्यकर्ता अभी इतने सुसंगठित तथा शक्तिशाली नहीं हैं कि अपने आप आन्दोलन चला सकें। सच तो यह है कि हमारे बड़े-बड़े नेता भी—पं. मोतीलाल नेहरू शायद इसके अपवाद हैं—अपने कन्धों पर कोई ज़िम्मेदारी लेने को तैयार नहीं है। यही वजह है कि वे बार-बार बिना शर्त गांधी के सामने समर्पण कर देते हैं और उन्हें महात्मा के लिए प्रस्ताव पारित करने पड़ते हैं।

इन हालत में मैं गम्भीरता से क्रान्ति को लक्ष्य मानने वाले युवा कार्यकर्ताओं को आगाह करना चाहता हूँ कि बड़ा कठिन समय आने वाला है। वे इसे अच्छी तरह जान लें ताकि उन्हें गफलत न हो या निराश न होना पड़े। महान् गांधी के दो संघर्षों के बीच हासिल हुए अनुभव के बाद हम अब बेहतर स्थिति में हैं कि अपनी वर्तमान स्थिति और आगे के कार्यक्रम को स्पष्टता से समझ सकें।

अब मैं सरल से सरल ढंग से अपनी बात रखना चाहूँगा। आप नारा लगाते हैं, 'इन्क़लाब ज़िन्दाबाद' मैं मान लेता हूँ कि आप वाक़ई इसे चाहते हैं। असेम्बली बम केस में इस अवधारणा की हमने जो व्याख्या दी है उसके अनुसार क्रान्ति का अर्थ है मौजूदा समाज-व्यवस्था को जड़ से उखाड़ फेंकना और उसकी जगह समाजवादी व्यवस्था की स्थापना। इस ध्येय के लिए हमारा फौरी लक्ष्य है राजसत्ता हासिल करना। सच्चाई यह है कि राजसत्ता, सरकारी, मशीनरी, शासक वर्गों के हाथों में अपने हितों की रक्षा करने तथा उन्हें बढ़ाने के हथियार के सिवा और कुछ नहीं है। हम इस हथियार को छीनना चाहते हैं और अपने आदर्श के लिए, नये, यानी मार्क्सवादी आधार पर सामाजिक पुनर्निर्माण के लिए इस्तेमाल करना चाहते हैं। इसी लक्ष्य को सामने रखकर हम सरकारी मशीनरी पर नियंत्रण के लिए संघर्ष कर रहे हैं। हमें लगातार जनता को शिक्षित करना होगा और अपने कार्यक्रम के अनुकूल वातावरण तैयार करना होगा। संघर्षों में ही हम जनता को सबसे बेहतर ढंग से शिक्षित तथा प्रशिक्षित कर सकते हैं।

ये चीज़ें स्पष्ट हो जाने के बाद यानी अपना फौरी तथा अन्तिम लक्ष्य स्पष्टता से समझ लेने के बाद अब हम मौजूदा स्थिति का जायजा लेने पर आते हैं। किसी भी स्थिति का जायजा लेते हुए हमें हमेशा बहुत ही निष्पक्ष और कामकाजी होना चाहिए।

हमें मालूम है कि भारतीय सरकार में भारतवासियों की भागीदारी व शिरकत को लेकर शोर मचने के कारण मिंटो-मार्ले सुधार लागू किए गए थे। जिनके तहत वायसराय की काउंसिल गठित की गई थी जिसे परामर्श देने का ही अधिकार था। युद्ध के दौरान जब भारतीयों की मदद की उन्हें सबसे ज़्यादा ज़रूरत थी, स्वशासन के बारे में आश्वासन दिए गए थे और मौजूदा सुधार लागू किए गए थे। इनमें विधान सभा (संसद) को सीमित विधायी अधिकार दिए गए हैं, लेकिन वायसराय के विश्वास की शर्त लगी हुई है। अब इसका तीसरा चरण है।

अब सुधारों पर विचार किया जा रहा है और उन्हें निकट भविष्य में लागू किया जाएगा। हम युवा उन्हें किस पैमाने पर नाप कर देखें? यह एक सवाल है। मैं नहीं जानता कि कांग्रेस के नेता उन्हें किस पैमाने से नापेंगे। लेकिन, हमारे लिए, क्रान्तिकारियों के लिए, निम्नलिखित पैमाना हो सकता है—

1. भारतीयों को कितनी ज़िम्मेदारी दी जाती है।
2. जो सरकारी निकाय कायम किए जाएँगे उनका रूप क्या होगा और उनमें हिस्सेदारी का जनता को कितना अधिकार होगा।
3. आगे की सम्भावनाएँ तथा बचाव प्रावधान।

इनके लिए शायद थोड़े विस्तार की ज़रूरत होगी। पहली बात यह कि हमारी जनता को कितनी ज़िम्मेदारी सौंपी गई है। इसे हम बड़ी आसानी से इस तथ्य से जाँच सकते हैं कि कार्यपालिका पर हमारे प्रतिनिधियों का कितना नियंत्रण होगा। अब तक कभी भी कार्यपालिका को विधायी सभा के प्रति ज़िम्मेदार नहीं बनाया गया है और वायसराय को वीटो का अधिकार प्राप्त रहा है, जो निर्वाचित प्रतिनिधियों के सारे प्रयासों को विफल करता रहा है। स्वराज पार्टी के प्रयासों के चलते वायसराय को बार-बार इन असाधारण शक्तियों का इस्तेमाल करना पड़ा है और राष्ट्रीय प्रतिनिधियों के फ़ैसलों को बेशर्मी से पाँवों तले रौंदना पड़ा है।

अब सबसे पहले तो हमें यह देखना होगा कि कार्यपालिका के गठन का तरीका क्या है। कार्यपालिका निर्वाचित विधायिका के सदस्यों द्वारा चुनी जाएगी या पहले की ही तरह ऊपर से थोपी जाएगी और कि वह सदन के प्रति उत्तरदायी होगी या पहले की तरह उसके ठीक ख़िलाफ़ खड़ी होगी।

दूसरे मामले की परीक्षा हम इससे कर सकते हैं कि मताधिकार का क्षेत्र कितना है। मताधिकार के लिए सम्पत्ति सम्बन्धी शर्तें पूरी तरह से ख़त्म की

जानी चाहिए और इसके बजाय सबको मताधिकार दिया जाना चाहिए। हर वयस्क औरत–मर्द को मतदान का अधिकार होना चाहिए। इस समय इसकी जाँच कर सकते हैं कि मताधिकार का कितना विस्तार किया गया है।

जहाँ तक सरकारी निकायों के रूप का सवाल है, हमारे यहाँ दो सदनों वाली सरकार है। मेरी राय में उच्चतर सदन बुर्जुआ पूर्वाग्रह या झाँसे के सिवा कुछ और नहीं है। मेरा कहना है कि एक सदनीय सरकार ही सबसे बेहतर है जिसकी कि हम उम्मीद कर सकते हैं।

इस प्रसंग में मैं प्रान्तीय स्वायत्तता का भी जिक्र करना चाहूँगा। मैंने जो कुछ सुना है उसके आधार पर मैं यही कह सकता हूँ कि ऊपर से थोपा गया गवर्नर, जिसे विधायिका से ऊपर असाधारण शक्तियाँ प्राप्त हों, किसी निरंकुश शासक से घटकर साबित नहीं होगा। बेहतर हो कि हम इसे 'प्रान्तीय स्वायत्तता' की जगह 'प्रान्तीय निरंकुशता' कहें। राज्य संस्थाओं का यह अनोखा जनतांत्रिकीकरण है!

तीसरी बात बिलकुल स्पष्ट है। पिछले दो सालों के दौरान ब्रिटिश राजनीतिज्ञ इसकी हर मुमकिन कोशिश करते रहे हैं कि मांटेग्यू के इस वादे से फिर जाया जाए कि हर दस साल में सुधारों की एक खुराक दी जाएगी, जब तक कि ब्रिटिश खजाना ही ख़त्म नहीं हो जाता है।

इस तरह, हम देख सकते हैं कि भविष्य के बारे में उन्होंने क्या तय किया है।

मैं यह स्पष्ट कर दूँ कि हम इन चीज़ों का विश्लेषण इसलिए नहीं करते कि उपलब्धियों पर ख़ुशी मनाएँ बल्कि अपनी स्थिति को स्पष्ट रूप से समझने के लिए करते हैं ताकि हम जनता को जाग्रत कर सकें और उसे आगे की लड़ाई के लिए तैयार कर सकें। हमारे लिए कभी भी समझौते का मतलब आत्मसमर्पण नहीं होता बल्कि अगला कदम तथा कुछ विश्राम ही होता है। बस इतना ही, इससे ज़्यादा कुछ भी नहीं।

मौजूदा स्थिति पर विचार करने के बाद आइये अब भविष्य के कार्यक्रम और कार्रवाई की लाइन पर विचार करें, जिन्हें कि हमें अपनाना है।

जैसा मैं पहले ही कह आया हूँ, किसी क्रान्तिकारी पार्टी के लिए एक निश्चित कार्यक्रम का होना बहुत ही ज़रूरी है। कारण यह है कि क्रान्ति का अर्थ है कार्रवाई। इसका अर्थ है किसी आकस्मिक तथा असंगठित या स्वत:स्फूर्त

परिवर्तन या अव्यवस्था की जगह, संगठित तथा सुव्यवस्थित प्रयास के जरिए लाया गया परिवर्तन। और एक कार्यक्रम तैयार करने के लिए हमें निम्नलिखित चीज़ों पर अनिवार्यत: विचार करना होगा :

1. लक्ष्य।
2. पूर्वाधार, जहाँ से हम शुरू कर रहे हैं, यानी मौजूदा हालात।
3. कार्रवाई का रास्ता, यानी साधन तथा कार्य प्रणालियाँ।

जब तक हम इन तीन पक्षों के बारे में स्पष्ट नहीं हो जाते हैं, हम कार्यक्रम पर कोई विचार नहीं कर सकते हैं।

मौजूदा स्थिति पर हम किसी हद तक विचार कर आए हैं। लक्ष्य की भी थोड़ी चर्चा की जा चुकी है। हम समाजवादी क्रान्ति चाहते हैं जिसकी कि राजनीतिक क्रान्ति अपरिहार्य-पूर्व आवश्यकता है। यही हमारा लक्ष्य है। राजनीतिक क्रान्ति का अर्थ राजसत्ता का (मोटे तौर पर कहें तो शक्ति का) ब्रिटिश हाथों से भारतीयों के हाथों में हस्तांतरण नहीं है बल्कि उन भारतीयों के हाथों में हस्तांतरण है जो अन्तिम लक्ष्य के मामले में हमसे एक राय है या ठीक-ठीक कहें तो क्रान्ति का अर्थ है जन-समर्थन के जरिए क्रान्तिकारी पार्टी के हाथों में सत्ता हस्तांतरण। उसके बाद पूरी सच्चाई से आगे बढ़ने का अर्थ है समाजवादी आधार पर समूचे समाज का पुनर्गठन। अगर आपकी मंशा इस क्रान्ति की नहीं है तो मेहरबानी करके रहम करें। 'इन्क़लाब ज़िन्दाबाद' का नारा लगाने से बाज आएँ। क्रान्ति कम-से-कम हमारे लिए तो इतना पवित्र शब्द है ही कि उसका इतना सस्ता उपयोग या दुरुपयोग न किया जाए। लेकिन अगर आपका कहना यह कि आप राष्ट्रीय क्रान्ति चाहते हैं और कि आपके संघर्ष का मक़सद अमरीका के जैसा भारतीय गणराज्य कायम करना है तो मैं आपसे पूछना चाहूँगा कि वे कौन-सी शक्तियाँ हैं जिन पर आप भरोसा करते हैं कि यह क्रान्ति लाने में वे आपकी मदद करेंगी। राष्ट्रीय हो या समाजवादी, किसी भी क्रान्ति के लिए जिन शक्तियों पर आप भरोसा कर सकते हैं वे हैं 'किसान और मज़दूर'। कांग्रेस नेता इन शक्तियों को संगठित करने का साहस ही नहीं करते। आप इसे इस आन्दोलन में देख चुके हैं। किसी के भी मुकाबले इस बात को वे ख़ुद बेहतर जानते हैं कि इन शक्तियों के बिना वे पूरी तरह असहाय हैं। अब उन्होंने पूर्ण स्वतंत्रता का प्रस्ताव पारित किया—जिसका वास्तविक अर्थ क्रान्ति है—तो उनकी

वास्तव में यह मंशा नहीं थी। उन्हें अपेक्षाकृत युवा तत्त्वों के दबाव में यह प्रस्ताव पास करना पड़ा और इसे वे अपनी दिली ख़्वाहिश, डोमिनियन स्टेट्स प्राप्त करने के लिए धमकी के रूप में इस्तेमाल करना चाहते थे। कांग्रेस के पिछले तीन अधिवेशनों के अध्ययन से इस बात को आसानी से समझा जा सकता है। मेरा इशारा मद्रास, कलकत्ता तथा लाहौर अधिवेशनों की ओर है। कलकत्ता में उन्होंने बारह महीने के अन्दर-अन्दर डोमिनियन स्टेट्स दिए जाने की माँग का प्रस्ताव पारित किया और कहा कि ऐसा न होने पर वे पूर्ण स्वतंत्रता का प्रस्ताव स्वीकार करने पर मजबूर होंगे। और 31 दिसम्बर, 1921 की मध्य रात्रि तक ईमानदारी से ऐसे उपहार की प्रतीक्षा करते रहे। इसके बाद उन्होंने ख़ुद को पूर्ण स्वतंत्रता का प्रस्ताव स्वीकार करने के लिए 'वचनबद्ध' पाया वर्ना वे ऐसा चाहते नहीं थे। लेकिन इसके बाद भी महात्मा जी ने इस बात को छिपाया नहीं कि (समझौते का) द्वार अभी भी खुला हुआ है। यह थी असल मंशा। शुरू से ही वे जानते थे कि उनके आन्दोलन का अन्त किसी-न-किसी समझौते पर होना है। यहीं हिचकिचाहट है जिससे हमें घृणा है न कि संघर्ष के किसी ख़ास दौर से किए गए समझौते से। खैर, हम उन ताक़तों की बात कर रहे थे जिन पर क्रान्ति के लिए भरोसा किया जा सकता है। लेकिन अगर आप किसानों तथा मज़दूरों का सक्रिय समर्थन हासिल करने के लिए उनके पास जाएँगे तो मैं आपको बता दूँ कि वे किसी भी तरह की भावनाओं में बहने नहीं जा रहे हैं। वे आपको साफ-सीधे शब्दों में पूछेंगे कि जिस क्रान्ति के लिए आप उनसे कुर्बानियाँ देने के लिए कह रहे हैं उससे उन्हें मिलेगा क्या? उन्हें इससे क्या फ़र्क़ पड़ता है कि भारतीय सरकार के प्रमुख लार्ड इर्विन हों या सर पुरुषोत्तमदास ठाकुरदास। एक किसान को इससे क्या फ़र्क़ पड़ता है कि लार्ड इर्विन की कुर्सी पर तेजबहादुर सप्रू बैठे हैं। उसकी राष्ट्रीय भावनाओं को सहलाना बेकार है। आप अपने उद्देश्य के लिए उसका 'इस्तेमाल' नहीं कर सकते। आपको उसके प्रति गम्भीर होना होगा और उसे इसका एहसास कराना होगा कि क्रान्ति उसकी अपनी होगी और उसके हित में होगी। सर्वहारा की क्रान्ति होगी और सर्वहारा के लिए होगी।

अपने लक्ष्यों के बारे में स्पष्ट विचार बना लेने के बाद हम ईमानदारी से इस प्रकार की कार्रवाई के लिए अपनी शक्तियों को संगठित करने की ओर

बढ़ सकते हैं। इस क्रम में हमें दो अलग-अलग चरणों से गुज़रना होगा। पहला चरण है, तैयारी का और दूसरा कार्रवाई का।

वर्तमान आन्दोलन के ख़त्म होने के बाद आपको ईमानदार क्रान्तिकारी कार्यकर्ताओं में कुछ वितृष्णा तथा कुछ हताशा के दर्शन होंगे। लेकिन आप चिंतित न हों। भावुकता को एक ओर रख दें। तथ्यों का सामना करने के लिए तैयार हों। क्रान्ति एक बहुत ही कठिन काम है। कोई भी व्यक्ति क्रान्ति नहीं ला सकता है और न किसी पूर्व निश्चित तारीख़ पर क्रान्ति हो सकती है। उसे सम्भव बनाती हैं विशेष सामाजिक तथा आर्थिक परिस्थितियाँ। एक संगठित पार्टी का काम यह होता है कि इन परिस्थितियों द्वारा प्रस्तुत ऐसे किसी भी मौके का इस्तेमाल करे और क्रान्ति के लिए जनता को तैयार करना तथा शक्तियों को संगठित करना एक बहुत ही कठिन काम है। और इसके लिए क्रान्तिकारी कार्यकर्ताओं को बड़ी भारी कुर्बानियाँ देनी पड़ती हैं। मैं यह स्पष्ट कर दूँ कि अगर आप एक व्यापारी हैं या स्थापित घर-परिवार वाले या दुनियादार आदमी हैं तो कृपया आग से न खेलें। एक नेता के रूप में पार्टी के लिए आपका कोई उपयोग नहीं है। हमारे यहाँ पहले ही ऐसे बहुत सारे नेता हैं जो भाषण देने के लिए शाम के कुछ घंटे निकाल लेते हैं। उनका कोई फायदा नहीं है। हमें ज़रूरत है—'पेशेवर क्रान्तिकारियों' की, पूरा समय लगाने वाले कार्यकर्ताओं की, जिनकी क्रान्ति के सिवा न तो कोई महत्त्वाकांक्षा है और न जीवन का कोई अन्य कार्य। पार्टी में ऐसे कार्यकर्ता जितनी बड़ी संख्या में संगठित होंगे आपकी सफलता की सम्भावना उतनी ही ज़्यादा होगी।

सुव्यवस्थित ढंग से आगे बढ़ने के लिए सबसे ज़्यादा ज़रूरी है एक पार्टी जिसमें ऐसे कार्यकर्ता हों जिनकी स्पष्ट दृष्टि हो, पैनी निगाह हो और जिनमें पहल करने तथा तुरन्त फ़ैसले लेने की योग्यता हो। पार्टी में फौलादी अनुशासन होना चाहिए और उसका एक भूमिगत पार्टी होना ज़रूरी नहीं है बल्कि स्थिति इससे उलट है। बहरहाल, स्वेच्छा से जेल जाने की नीति पूरी तरह से छोड़नी होगी, इससे ऐसे कार्यकर्ताओं की ख़ासी बड़ी संख्या पैदा हो जाएगी जिन्हें भूमिगत जीवन बिताना पड़ेगा। उन्हें उसी उत्साह से अपना काम करते रहना होगा। कार्यकर्ताओं के इस ग्रुप में से ही असली मौके के लिए योग्य नेता पैदा होंगे।

पार्टी को कार्यकर्ताओं की ज़रूरत होती है और उन्हें युवा आन्दोलन में से ही भर्ती किया जा सकता है। इसलिए हम देखते हैं कि युवा आन्दोलन हमारे कार्यक्रम का प्रस्थान बिन्दु है। युवा आन्दोलन को अध्ययन शिविरों, कक्षा व्याख्यानों और पर्चों, पेंफलेटों, किताबों, पत्रिकाओं आदि के प्रकाशन का आयोजन करना चाहिए। यह राजनीतिक कार्यकर्ताओं की भर्ती तथा प्रशिक्षण का सबसे अच्छा क्षेत्र है।

वे युवा जिनके विचार परिपक्व हो चुके हैं तथा जो ख़ुद को उद्देश्य के लिए अपना जीवन अर्पित करने के लिए तैयार पाते हैं, पार्टी में भेजे जा सकते हैं। पार्टी कार्यकर्ताओं को हमेशा युवा आन्दोलन के काम का भी निर्देशन तथा नियंत्रण करना होगा। पार्टी को जन-प्रचार के काम से शुरुआत करनी होगी। वह बहुत ही ज़रूरी काम है। गदर पार्टी (1914-15) के प्रयासों की विफलता का एक बुनियादी कारण उसके प्रति जनता का अज्ञान, उदासीनता और कभी-कभी सक्रिय विरोध भी था। इसके अलावा, किसानों तथा मज़दूरों की सक्रिय सहानुभूति प्राप्त करने और उन्हें संगठित करने के लिए यह आवश्यक है। पार्टी का नाम होगा, यह एक कम्यूनिस्ट पार्टी होगी। कड़े अनुशासन में बंधे राजनीतिक कार्यकर्ताओं की यह पार्टी दूसरे सारे आन्दोलनों का संचालन करेगी। इसे किसान तथा मज़दूर पार्टियों (संगठनों) की स्थापना करनी होगी। उसे मज़दूर यूनियनों और यहाँ तक कि कांग्रेस तथा अन्य सगोत्र-राजनीतिक संगठनों पर भी नियंत्रण का प्रयास करना पड़ सकता है। राजनीतिक चेतना और सिर्फ़ राष्ट्रीय राजनीति ही नहीं, वर्गीय राजनीति की भी चेतना पैदा करने के लिए पार्टी को एक विशाल प्रकाशन अभियान चलाना होगा। जनता को समाजवादी सिद्धान्त में परिचित कराने वाले प्रकाशन आसानी से उपलब्ध कराये जाएँगे और व्यापक रूप से वितरित होंगे। लेखन सादा और स्पष्ट होना चाहिए।

मज़दूर आन्दोलन में कुछ ऐसे लोग हैं जो राजनीतिक स्वतंत्रता के बिना ही किसानों तथा मज़दूरों की आर्थिक मुक्ति के बेतुके विचारों का प्रचार करते हैं। ये लोग या तो लफ्फाज हैं या नासमझ। इस तरह के विचार अविश्वसनीय और हास्यास्पद हैं। जनता की आर्थिक मुक्ति हमारा लक्ष्य है और इसी उद्देश्य के लिए हम राजनीतिक सत्ता हासिल करने के लिए संघर्ष कर रहे हैं। निस्सन्देह, शुरू में हमें इन वर्गों की छोटी-छोटी आर्थिक माँगों तथा विशेषाधिकारों

के लिए लड़ना होगा। लेकिन ये लड़ाइयाँ उन्हें राजनीतिक सत्ता जीतने के लिए अन्तिम संघर्ष के लिए शिक्षित करने का बेहतरीन साधन हैं।

इसके अलावा, अनिवार्य रूप से एक सैनिक विभाग संगठित करना होगा। यह बहुत ही महत्त्वपूर्ण है। कभी-कभी इसकी बड़ी भारी ज़रूरत पड़ती है। लेकिन उस समय आप कारगर ढंग से कार्रवाई करने के लिए पर्याप्त साधनों से संपन्न ऐसा ग्रुप खड़ा नहीं कर सकते हैं। शायद इस विषय को सावधानी से स्पष्ट करना ज़रूरी है। इस विषय में मुझे ग़लत समझे जाने की बड़ी भारी सम्भावना है। ऐसा लगता है कि मैंने आतंकवादी की तरह काम किया है, लेकिन मैं आतंकवादी नहीं हूँ। मैं एक क्रान्तिकारी हूँ जिसके पास कार्यक्रम के बारे में ऐसे विस्तृत, सुनिश्चित विचार हैं जिनकी कि हम चर्चा कर रहे हैं। मेरे 'कामरेड इन आर्म्स' रामप्रसाद बिस्मिल की तरह मुझ पर भी यह आरोप लगा सकते हैं कि कालकोठरी में मेरे अन्दर किसी प्रतिक्रिया का उदय हुआ है—जो सही नहीं है। मेरे वही विचार हैं, वही विश्वास है, वही उत्साह है, वही भावना है जो मुझमें जेल से बाहर होती थी और शायद—नहीं निश्चय ही, उससे बेहतर है। इसलिए मैं पाठकों को सचेत करता हूँ कि मेरे शब्दों को पढ़ते हुए सतर्क रहें। उनमें कोई अन्य निहितार्थ ढूँढ़ने की कोशिश न करें। मैं अपनी पूरी ताक़त में यह ऐलान करना चाहता हूँ कि मैं आतंकवादी नहीं हूँ और न मैं आतंकवादी था। अपने क्रान्तिकारी जीवन की शुरुआत में कभी रहा होऊँ तो बात दूसरी है। और मेरा यक़ीन है कि उन तरीकों से हमें कुछ भी हासिल नहीं होगा। हिन्दुस्तान सोशलिस्ट रिपब्लिकन एसोसिएशन के इतिहास से बड़ी आसानी से इस बात की सच्चाई को परखा जा सकता है। हमारी सारी गतिविधियों का एक ही मक़सद था, अपने आपको महान् आन्दोलन के सैनिक पक्ष के रूप में उससे जोड़ना। अगर किसी ने मुझे समझने में ग़लती की है तो इस भूल का सुधार कर लें। मेरा मतलब यह नहीं है कि बम और पिस्तौलें बेकार हैं, बल्कि बात उलटी है। लेकिन मैं यह कहना चाहता हूँ कि सिर्फ़ बम फेंकना न सिर्फ़ बेकार है बल्कि कई बार नुकसानदेह भी है। पार्टी के सैन्य विभाग को किसी भी आकस्मिक स्थिति के लिए अधिकतम युद्ध-सामग्री अपने पास तैयार रखनी चाहिए। उसे पार्टी के राजनीतिक काम में सहायता करनी चाहिए। वह स्वतंत्र रूप से काम नहीं कर सकता और न करना चाहिए।

उपर्युक्त दिशा में पार्टी को अपना काम चलाना चाहिए। समय-समय पर मीटिंग तथा सम्मेलनों के जरिए उसे सभी विषयों पर अपने कार्यकर्ताओं को शिक्षित करते रहना चाहिए।

अगर आप इस दिशा में काम शुरू करते हैं तो आपको बहुत संयत होना पड़ेगा। इस कार्यक्रम को पूरा करने के लिए कम-से-कम बीस साल के वक़्त की दरकार है। 'दस साल में स्वराज्य' के गांधी के काल्पनिक वादों को एक तरफ रख दीजिए। क्रान्ति के लिए न तो भावनाओं में बहने की ज़रूरत है न मौत की। इसके लिए दरकार है अनवरत संघर्ष, पीड़ा तथा कुर्बानियों भरे जीवन की। सबसे पहले अपने 'मैं पन' को ख़त्म करो। व्यक्तिगत सुख-सुविधा के सपनों को छोड़ दो! इसके बाद काम शुरू करो। आपको इंच-दर-इंच बढ़ना होगा। इसके लिए साहस, दृढ़ता और बहुत दृढ़ इच्छा-शक्ति चाहिए। कोई मुश्किल, कोई बाधा आपको हतोत्साहित न कर पाए। कोई असफलता और विश्वासघात आपको हताश न कर पाए। आप पर ढाया गया जुल्म आपकी क्रान्तिकारी लगन को ख़त्म न कर पाए। तकलीफ़ों और कुर्बानियों की पीड़ा के बीच से आप विजयी निकलें। और यह अलग-अलग जीतें क्रान्ति की मूल्यवान् सम्पत्ति बनें।

इन्क़लाब ज़िन्दाबाद!

भगतसिंह

2 फरवरी, 1931

इस नाटक में गानों का इस्तेमाल हो या न हो या कितने गानों का इस्तेमाल हो, इसका निर्णय पूर्णतया इसके नए निर्देशक की समझ और इच्छा पर निर्भर करता है। कृपया गाने या सारे गाने काटने में भी संकोच मत कीजिएगा! हम बुरा नहीं मानेंगे।

और इस नाटक के प्रारम्भ में ये उद्घोषणा करना ज़रूरी है कि ये नाटक 1994 में जा के ख़त्म हो जाता है। इस वर्ष शिव वर्मा की मृत्यु हुई थी। अगर ये नहीं किया गया तो हम क़तई बुरा मानेंगे।

इस नाटक को करने के लिए इसकी इजाजत लेना अत्यावश्यक है।

धन्यवाद,

—पीयूष मिश्रा

गगन दमामा बाज्यो

[दृश्य खुलता है। एक स्पॉट में लोकगायक फेड-इन होता है। दूसरे स्पॉट में एक कमसिन लड़की फेड-इन होती है गाने के प्रासंगिक अन्तरों के साथ ही। उसने अपना सिर एक चूनरी से ओढ़ रखा है और वो एकटक एक तरफ देखे जा रही है। गाना शुरू होता है। सारे एक्टर्स ही कोरस हैं और कोरस ही एक्टर्स। गाने के बोलों के हिसाब से हीर राँझे की प्रतीक्षा कर रही है सतलुज नदी के किनारे खड़ी होकर और राँझा अपनी दूसरी प्रेमिका के पास चला गया है। लेकिन वो फिर भी प्रतीक्षा किए जा रही है जैसे प्रतीक्षा करना ही उसकी नियति हो।]

जाड़ों की भीड़ है निकलती जाए
गर्मी का काफ़िला गुज़रता जाए
बारिश की छींट के जुलूसों के संग
पतझड़ का कारवाँ किलकता जाए...

सदियाँ दर सदियाँ बढ़ गईं
रस्तों पे टक-टक कर के
घड़ियाँ दर घड़ियाँ बढ़ गईं
दरवाज़े दस्तक कर के
मौसम का रेला आ कर
हाथ को हिलाता जाए
बादल का जत्था आ कर
देखे और जाता जाए...

वक़्त बोले मैं तो चलता
छोड़ पीछे लम्हे अपने

हो तुम्हें जो फुरसत बैठो
याद को गले लिपटाए...
तो...
सतलुज के दूसरे किनारे से रातों में कोई
हीर सुनाए रब्बा...ओ रे रब्बा...
आँखों में डोलते पखेरू लेकर बैठी वो तो
तकती जाए रब्बा...ओ रे रब्बा...
ओ रे रब्बा मेरा राँझा ना आया
आए पखेरू देखो राँझा न आया
ओ रे रब्बा...

देख राँझे मैं तो बैठी, हाथ में कलेजा दाबे
हाए अब तो आ जा पापी हाय अब रहा ना जाए
क्या कहूँ किसी से मैं तो क्या कहूँ कहा ना जाए
आ जा अब तो आ जा बस अब और कुछ सहा न जाए
ऐसा ना...हो कहीं...कि मुझ को तुझ से...
ज़्यादा तेरा...इन्तज़ार भाए रब्बा ओ रे रब्बा
सतलुज के दूसरे किनारे से...

[धीमे-धीमे गाना ख़त्म हो रहा है। ये एरिया फेड-आउट हो रहा है? एक दूसरा एरिया फेड-इन हो रहा है। सफ़दरजंग हस्पताल, दिल्ली। जमाना 1965 का। एक बूढ़े के बिस्तर के सामने एक आदमी खड़ा है।]

बूढ़ा : *(उसे ध्यान से देखते हुए)* मैंने पहचाना नहीं।
आदमी : ध्यान से देखिए...।
बूढ़ा : *(थके स्वर में)* याद नहीं आता।

आदमी : दरअसल बातें पुरानी हो चलीं। बातों के साथ तारीख़ें पुरानी हो चलीं। तारीख़ों के साथ इतिहास पुराना हो चला। इतिहास के साथ व्यक्ति पुराने हो चले।

बूढ़ा : व्यक्ति कभी पुराने नहीं होते। क्योंकि व्यक्ति इतिहास के ग़ुलाम नहीं होते। वो तारीख़ों के ग़ुलाम नहीं होते। इतिहास को लोग किताबों पर छपी इबारतों के जरिए जानते हैं। व्यक्ति को जानने के लिए स्मृति के दरवाज़ों पर पड़ी एक ठक-ठक भी काफी है।

आदमी : तो अपनी स्मृति के दरवाज़ों को खटखटाइए। शायद कुछ याद आ जाए।

बूढ़ा : *(उसे बहुत ध्यान से देखता है। फिर थककर बोलता है।)* माफ़ करना भाई। एक तो याद नहीं आ रहा और दूसरे शरीर में इतनी ताक़त भी नहीं बची है कि ज़रूरत से ज़्यादा ज़ोर डालकर सोच सकूँ। तकलीफ़ होती है।

आदमी : *(कुछ द्रवित स्वर में)* आप तकलीफ़ों से कब से प्रभावित होने लगे... ?

बूढ़ा : (उसे ध्यान से देखते हुए) तकलीफ़ों से प्रभावित होना इनसान का स्वभाव होता है। बाकी उसका ज़िन्दा रहना इसलिए ज़रूरी है कि मर के वो इस बात का अन्दाज़ा नहीं लगा सकता कि तकलीफें उसे कितना प्रभावित कर सकती हैं और कितना नहीं। वो फैज़ अहमद फैज़ का शेर पढ़ा है... ?

आदमी : *(स्थिर स्वर में)* कौन-सा ?

बूढ़ा : कि दर्द इतना था कि हर हद से गुज़रना चाहा...
और जब याद की खोई हुए उन शम्मों में कहीं
नज़र आया इक नगमा तेरी दिलदारी का
तो मैंने उससे भो गुज़रना चाहा...
मगर इस दिल ने ठहरना चाहा...।

आदमी : *(स्थिर स्वर में)* एक शेर मुझे भी याद है...

बूढ़ा : कौन-सा... ?

आदमी : वतन की आबरू का पास देखें कौन करता है
सुना है आज मक़तल में हमारा इम्तिहां होगा
इलाही वो भी दिन होगा जब अपना राज देखेंगे
जब अपनी ही ज़मीं होगी और अपना आसमाँ होगा...

बूढ़ा : *(ध्यान से देखते हुए)* कौन हो तुम... ?

आदमी : ये एक गुमनाम शायर का शेर है।

बूढ़ा : मैंने पूछा कौन हो तुम... ?

आदमी : आज 1965 चल रहा है। सफ़दरजंग अस्पताल दिल्ली की इस इमारत में बैठकर मुझे याद आ रहा है कि ये शेर आज से चालीस साल पहले ज़ब्त कर लिया गया था...लाहौर में।

बूढ़ा : तुम लाहौर में थे ?

आदमी : मैं कानपुर में था। मैं आगरा में था। मैं पटना में था। मैं कलकत्ता में था। मैं दिल्ली में था। और मैं...लाहौर में भी था।

बूढ़ा : *(उसे गौर से देखता हुआ)* किस वक़्त की बात कर रहे हो ?

आदमी : 1919 की 13 अप्रैल की। जिस दिन हिन्दुस्तान के इतिहास में सबसे ख़ूनी बैसाखी मनी थी। जिस दिन बाप चीख़ा था, जिस दिन बच्चा चिल्लाया था और जिस दिन लाहौर के लायलपुर ज़िले के गाँव बंगा में अपनी कटी हुई फसल को देख कर एक माँ बिफर कर बोली थी...

[बूढ़ा आदमी स्पॉट फेड-आउट हो रहा है। म्यूज़िक के साथ स्टेज के बीचोंबीच एक स्पॉट फेड-इन हो रहा है उसमें खड़ी एक औरत की गर्जती-काँपती आवाज़ आ रही है।]

औरत : अपने बच्चे का मांस खाऊँगी अगर इस साल फसल को मुँह से लगाया तो... । ओ ज़मीन हमारी...ओ मिट्टी

हमारी...ओ खेत हमारे...। तुमने जन्मा है इस फसल को हमारे लिए...हमारे बच्चों के लिए...। हमारा खाद डाल कर...हमारा पानी डालकर...। इसमें ज़िन्दगी है हमारे बच्चों की...। इसमें साँसें हैं हमारे बच्चों की...। और ये साँसें आज एक साथ मिलकर आसमान गुँजा देतीं। ये साँसें आज एक साथ मिलकर धरती हिला देतीं। ये साँसें आज एक साथ मिलकर नाले बहा देतीं...। अगर इन साँसों को ज़िन्दा रहने का मौक़ा मिला होता। आज इस बैसाखी की शाम मेरे साथ हिन्दुस्तान की लाखों-करोड़ों माएँ अपनी आँखों में सुर्ख़ी पोते वाहे गुरुजी की नगरी अमृतसर की ओर निगाहें कर के बैठी होंगी; जहाँ कटी है हमारी फसल। जहाँ उजड़े हैं हमारे खेत। जहाँ वीरान हुई है हमारी बैसाखी...उस जलियाँ के बाग में, जिसकी मिट्टी को आज सुबह मेरे मुल्क़ के बच्चों के ख़ून से रिस-रिस कर रंग दिया गया। ओ गांधी...। हमारे महात्मा...। करते हैं हम अपने बचे हुए बच्चों को तुम्हारे सुपुर्द...फेंकते हैं उनकी नन्ही धड़कनों को तुम्हारी गोद में...। ले जाओ इनको अपने साथ...और बतला दो इन दूर के सौदागरों को कि आज के बाद पंजाब की हर बैसाखी का मिज़ाज कुछ और ही होगा...।

[धीमे-धीमे एक गर्जता हुआ म्यूज़िक आने लगा है नेपथ्य से। और धीमे-धीमे मंच पर सिलुएट में एक बड़ा स्ट्रक्चर आकार लेने लगा है। महात्मा गांधी और उनके पीछे हाथ भींच कर चल रही भीड़। असहयोग आन्दोलन का प्रतिनिधित्व करने वाला नजारा। म्यूज़िक बढ़ चुका है। पूरा स्ट्रक्चर स्पष्ट होता है। और म्यूज़िक क्रेसेंडों पर पहुँचकर धड़ाक से रुकता है।]

शार्प फेड-आउट

शार्प फेड-इन

[दो स्पॉट हैं आमने-सामने]

सुखदेव : ये लाहौर नेशनल कॉलेज है। 1921 के जलते हुए हिन्दुस्तान में यहाँ क्या करने आया है?

भगत : जी वही...जो आप करने आए हैं! पढ़ाई।

सुखदेव : बहुत ज़ुबान चलती है। मैं सीनियर हूँ तेरा! रैगिंग देगा?

भगत : *(स्थिर स्वर में)* हुक्म कीजिए...

सुखदेव : मंगल पांडे के बाप का नाम बतला...

भगत : *(मुस्कराता है)* जी पता नहीं...

सुखदेव : माननीय महामना मदन मोहन मालवीय जी का पूरा नाम बतला...

भगत : *(फिर मुस्कराता है)* वो भी पता नहीं...

सुखदेव : हिन्दुस्तान के स्वाधीनता संग्राम के सबसे घटिया आदमी का नाम बतला...

भगत : *(एक पल रुकता है। फिर...)* जनरल ओ डायर...

सुखदेव : *(उसे घूरता है)* हिन्दुस्तान के स्वाधीनता संग्राम के सबसे महान आदमी का नाम बतला।

भगत : *(कुछ बोलने को होता है, फिर चुप हो जाता है।)* अभी तक आया नहीं...

सुखदेव : तू कुछ बोलने वाला था...

भगत : मैं महात्मा गांधी बोलने वाला था...

[सुखदेव उसे घूरता रहता है। फिर मुस्कराता है।]

तू आदमी पसन्द आया। ख़ूब घुटेगी। *(हाथ बढ़ाता है)* मेरा नाम सुखदेव है। सुखदेव थापर...

भगत : *(मुस्कराकर हाथ मिलाता है)* मेरा नाम भगतसिंह है। भगतसिंह सन्धू!

लाईट आती है।

(और पूरे स्टेज पे सीन बदल चुका है।)

[लाहौर नेशनल कालेज... । कैन्टीन जमाना 1922 का। छात्र! तनाव... । बेचैनी। मुट्ठियाँ भींचे दो-तीन छात्र घूम रहे हैं। बाकी लोग बैठे हैं।]

भगत : ये बात कब की है?

यशपाल : कल शाम की... ।

भगत : कितने लोग थे... ?

भगवती भाई : वो तो अकेला ही था। दूसरी तरफ चार-पाँच थे।

भगत : चोट काफी आई... ?

जयगोपाल : *(सर हिलाते हुए)* हाँ, लगी तो है... ।

भगवती भाई : मैंने आज सुबह डाक्टर के पास चलने के लिए कहा...तो बिफर गया।...कि सरकारी अस्पताल नहीं जाऊँगा... । और प्राइवेट में जाने के पैसे नहीं हैं। इसलिए ऐसे ही चलने दो।

भगत : उल्लू का पट्ठा है। उस नॉन-कोऑपरेशन मूवमेंट को बन्द हुए आज एक साल होने को आ रहा है। अब सरकारी अस्पताल जाने में क्या दिक़्क़त है? साले अन्धे होकर लड़ाई लड़ोगे... ? और तुम सब लोग कहाँ थे... ?

यशपाल : प्रोग्राम तो हमारा भी था जाने का। तुझे सुबह से ढूँढ़ रहे थे। तू मिला नहीं। लेकिन फिर शाम को ही लालाजी ने मीटिंग बुला ली। परसों बड़े चौक पर वायसराय का पुतला जलाया जा रहा है। जुलूस भी निकलेगा। इस वजह से हम लोग नहीं जा पाए। रात को मालूम पड़ा कि वहाँ झगड़ा हो गया। तू कहाँ चला गया था... ?

भगत : बेबेजी की तबियत ख़राब थी। एकदम जाना पड़ गया। वापसी की सवारी नहीं मिली इसलिए सुबह आया।

लेकिन तुम लोग मालूम तो कर लेते कि कहाँ के थे। सालों से बाद में ही निपट लेते।

मार्कंड त्रिवेदी : *(दबे स्वर में)* वो तो मालूम पड़ गया है। ऑफ़ीसर्स-लेन के साहबों के लौंडे हैं। लेकिन अब तो चाह कर भी कुछ नहीं कर सकते।

भगत : क्यों... ?

मार्कंड : उन्होंने एफ.आई.आर. लिखवा दी है...उलटे उसके ख़िलाफ़। अब कुछ किया तो झगड़ा बढ़ेगा।

सुखदेव : अब जितना बढ़ चुका है उससे आगे क्या बढ़ेगा...। और बढ़ेगा तो निपट लेंगे, लेकिन मुईन है कहाँ... ? आपसे मिला था क्या भगवती भाई... ?

भगवती भाई : मिला था लेकिन एकदम ही ग़ायब हो गया। अब तो बस...*(एकाएक मुईन की एंट्री। सारे उसे देख के उठते हैं वो अन्दर आता है! उसके सर पे पट्टी बंधी है। लड़के उसे कुर्सी पर बिठाते हैं। उसके लिए पानी लाया जाता है। वो झटके से गिलास अपने सामने से हटा देता है।)*

भगत : *(उसके पास जाता है। गम्भीर स्वर में।)* मैं तुझसे ज़्यादा कुछ नहीं पूछूँगा। एक लाइन में जवाब दे। उन लोगों के नाम... ? *(वो वैसे ही एक तरफ़ देखते बैठा रहता है? भगत उसका कॉलर पकड़ कर झटके से उसे उठाता है।)* नाम... ?

मुईन : *(फँसे गले से)* जिम क्रेन... ! स्टीफन क्रेन... ! और बाकी दो को मैं जानता नहीं।

भगत : *(उसे ध्यान से देखते हुए)* ये ऑफ़ीसर्स-लेन के डेविड क्रेन के लौंडे तो नहीं... ?

मुईन : *(मुश्किल से)* हाँ।

भगत : *(उसे छोड़ता हुआ)* ठीक! सुख। थाने में एफ.आई.आर. में बाकियों के भी नाम तो दर्ज होंगे ही। तीन लोग ही काफी हैं उनके लिए। हॉकी स्टिक्स ले लेना। बाकी

हाथ-पैर। ये साले रात को क्लब से लौटते हैं दारू-वारू पी के। पीपल मीनार के पास बजा देना।

सुखदेव : *(सर हिलाकर)* ठीक।

भगत : और देखना इनकी गाड़ी का एक काँच सलामत न बचे। उस पर बहुत नाज़ है इन्हें।

सुखदेव : समझ गया।

मार्कंड : लेकिन पूरी बात तो सुन ले यार! हो सकता है ग़लती इसी की रही हो...।

मुईन : (एकदम झटके से पागलों समान उठता है।) मेरी ग़लती? मेरी ग़लती... ? मैंने ख़ैरू को बचाया वो मेरी ग़लती थी... ? मैंने उसकी बीवी और बहन को बचाया...वो भी मेरी ग़लती थी... ? साले यहाँ बैठ के बकवास कर रहा है...वहाँ चौड़े में आने में तेरी दम निकल रही थी... ?

मार्कंड : अरे तो मुझ पे क्यों चढ़ रहा है यार... ? हर बात को दिमाग़ से सोचा जाएगा ना...। उनका रंग सफ़ेद है तो ग़लती हमेशा उनकी होगी... ?

सुखदेव : *(गरम होकर)* हाँ, उन्हीं की होगी।

मार्कंड : अब यूँ हम कुछ भी कह सकते हैं भगवती भाई!

भगवती भाई : ये हम नहीं कह रहे। ये वक़्त कह रहा है। मुईन! क्या बात हुई थी?

मुईन : *(जैसे उबल-उबल कर आने को है।)* यशपाल ने बोला था।'जगमग' पर फ़िल्म चलेंगे। शाम वाला शो। टिकट ले लेना। मैंने टिकट ले लिए। मैं वहाँ खड़ा हुआ इन सबका इन्तज़ार कर रहा था कि अन्दर से शोर सुनाई दिया। अन्दर भागा तो मालूम हुआ कि वो चारों ख़ैरू को ज़मीन पर पटक कर लातों-घूसों से मार रहे थे। उसकी बहन और बीवी पास में खड़ी थीं। और उसकी बीवी की गोद में उनका छोटा-सा बच्चा ज़ोर-ज़ोर से रो रहा था।

भगत : ये ख़ैरू...वो ताँगे वाला... ?

मुईन : हाँ, वही। और मारते हुए इंग्लिश में बहुत ही गन्दी बकवास किए जा रहे थे कि साले हम से कोऑपरेट नहीं करोगे... ? तो नॉन-कोऑपरेशन मूवमेंट चलाओगे काले कुत्तो... ? वापस लेना पड़ा ना तुम्हारे उस बाप गांधी को... ? हमारे कन्धे से कन्धा भिड़ाकर चलने की कोशिश करोगे,... ? और उसके बाद... *(हाँफता है ?)*

भगत : उसके बाद... ?

मुईन : *(भरी आँखों से)* उसके बाद उस साले लम्बू ने ख़ैरू पर अपना कुत्ता छोड़ दिया। उसने उसका पूरा हाथ झंझोड़ दिया। वो चीख़-चीख़ कर बिलबिला रहा था। फिर जब उनमें से एक उसकी बहन की तरफ बिच कहता हुआ बढ़ा तो मैं रुक नहीं पाया। मैं उसके सामने आ गया। ख़ैरू ने नेशनल कॉलेज के छात्रों को कितनी ही बार लिफ्ट दी है ताँगे में। इस पर वो उसे छोड़ कर मुझ पर टूट पड़े। मुझे लिटाकर नाक पर ठोकरें मारीं। मैं अकेला पड़ गया। इनमें से कोई भी वहाँ नहीं पहुँचा था। फिर पुलिस आई और उल्टे मेरे ख़िलाफ़ एफ.आई.आर. दर्ज की गई। फिर अब्बा आए। तब कहीं जाकर मुझे छोड़ा।

सुखदेव : बात क्या हुई थी... ?

मुईन : ख़ैरू ग़लती से अँधेरे में 'ए' क्लास में घुस गया था। उसका घुटना टकरा गया होगा इनसे। बस टूट पड़े।

[एक सन्नाटा]

सुखदेव : अब बोल भई। आई.सी.एस. की औलाद। ग़लती किसकी थी... ?

मार्कंड : *(हिचकिचाता हुआ)* हाँ...अब...इसके हिसाब से तो ग़लती उन्हीं की लग रही है...।

सुखदेव : आजकल ग़लतियों का हिसाब-किताब बहुत देखने लग गया है तू...। *(मुईन से)* चल हो गया बे। ये पानी पी।

(उसकी गर्दन पकड़ता है) अब जो होना होगा वो हो जाएगा! मुँह बिसूरने की ज़रूरत नहीं है। *(एक धौल जमाता है। भगत चुपचाप जाकर खिड़की से बाहर देखने लग गया है। माहौल हल्का होता है। मुईन के चेहरे पर भी मुस्कराहट आती है)*

सुखदेव : *(ऊँची आवाज़ में)* अबे, लेकिन ये फ़िल्म की तो बात रह ही गई। बोलो आज चलते हो...? *(सारे चिल्लाते हैं...'हो जाए...हो जाए...'?)*

मार्कंड : लेकिन ये फ़िल्म है कौन-सी...?

सुखदेव : फिकर मत कर। चैप्लिन या गार्बो की नहीं है। ये है तेरी 'राजा हरिश्चन्दर'।

मार्कंड : बननी चाहिए यार। इंडियन माइथोलौजी पर और बननी चाहिए।

सुखदेव : हाँ बेटा। जो तुम्हारे देवता पिएँ तो कहलाएँ आसव और हम पिएँ तो कहलाएँ व्हिस्की *(एक ठहाका! मार्कंड खिसियाई हँसी हँसता है।)*

भगवती भाई : *(हँसते हुए)* वो शिकायत कर देगा लाला जी से।

सुखदेव : *(व्यंग्य से)* हाँ! लाला लाजपतराय! महान् स्वतंत्रता सेनानी! ये मूवमेंट के बाद लाला जी कुछ बदल नहीं गए भगवती भाई...?

भगवती भाई : *(हँसते हुए)* हाँ! बस कॉलेज के बोर्ड पर एक नोटिस लगने की देर है—"1922 के पवित्र भारतीय स्वाधीनता संग्राम में कभी मत भूलो कि तुम एक हिन्दू हो...।" *(और एक ठहाका पड़ता है?)*

सुखदेव : अरे ये येलो पैंफ्लेट पढ़ा है किसी ने?

मार्कंड : येलो पैंफ्लेट...ये क्या है?

भगवती भाई : कुछ नहीं यार! सान्याल बाबू ने पुराने बिखरे हुए क्रान्तिकारियों को इकट्ठा कर के एक एसोसिएशन बनाई है...हिन्दुस्तान रिपब्लिक एसोसिएशन...! जिसका टारगेट है...आज़ाद भारत। उसका कांस्टीट्यूशन जिस

पर्चे पर छपा है, उसको कहा जा रहा है पीला पर्चा या येलो पैंफ्लेट।

मार्कंड : वेरी गुड! यानी आज़ादी मिली नहीं और कांस्टीट्यूशन पहले ही बन गया,... ?

सुखदेव : क्यों नहीं बन सकता? अगर शादी नहीं की तो क्या घर में सेहरा भी छपा के ना रखें।

[सारे हँसते हैं।]

मार्कंड : यार! लेकिन मुझे तो इन ऑर्गेनाईज़ेशन्स में कोई इंटरेस्ट ही नहीं रह गया है। कभी होम रूल सोसाइटी तो कभी गदर पार्टी...। और अब ये एच.आर.ए.। इससे होना जाना क्या है?

भगत : तो और किससे होना जाना है... ?

मार्कंड : यार भगत! तू मान ना मान! ये कांग्रेस पिछले तीस सालों से टिकी तो हुई है...।

भगत : टिकी हुई है क्योंकि वो सिर्फ़ टिके रहना चाहती है।

मार्कंड : ऐसा नहीं है! वो काम भी करना चाहती है। सिर्फ़ इस नॉन-कोऑपरेशन वाली बात छोड़ दे...।

भगत : नॉन-कोऑपरेशन वाली ही बात करते हैं ना!

मार्कंड : अब वहाँ थोड़ी दिक़्क़त होगी।

सुखदेव : दिक़्क़त इसलिए होगी क्योंकि तू भी उसका शिकार रहा है। क्योंकि इस कमरे में बैठे पच्चीस लोग भी उसके मारे रहे हैं।

मार्कंड : अब कुछ पाने के लिए कुछ खोना तो पड़ता ही है यार।

भगवती भाई : पाया क्या? क्या पाया?

मार्कंड : ठीक! कुछ नहीं पाया लेकिन उसमें भी जनता का ही दोष है।

भगवती भाई : क्या दोष है?

मार्कंड : भगवती भाई, उस मूवमेंट की कुछ शर्तें थीं वो तोड़ी गईं। उस बन्दे ने मूवमेंट वापस ले लिया।

भगवती भाई : हाँ! चौरी-चौरा की पुलिस ने निहत्थी भीड़ पर गोली चलाई। पच्चीसियों लोग मारे गए। भीड़ ने थाने में आग लगा दी। पुलिस वाले जल कर मर गए। बदले में लोगों का दोष बतलाते हुए मूवमेंट वापस ले लिया गया।

मार्कंड : तो थाने में आग लगाने की क्या ज़रूरत थी?

सुखदेव : तो उसके दरवाज़े पे मत्था टेक के आगे बढ़ जाते? क्या कांग्रेसी साहित्य पढ़कर आया है मार्कंड त्रिवेदी... ?

मार्कंड : फिज़ूल इलज़ाम मत लगाओ। मैं भी उस मूवमेंट में कूदा था तुम लोगों के साथ।

सुखदेव : हाँ, बाप आई.सी.एस.। बेटे के पास करने के लिए कुछ नहीं। तो सोचा एडवेंचर ही कर लें।

मार्कंड : तहज़ीब से बात कर सुखदेव! अपनी-अपनी राय रखने का सबको हक़ है। मैं आज भी बोल रहा हूँ कि इस गांधी नाम के बन्दे में कुछ बात तो है...

भगत : *(ख़ामोशी से)* हाँ, बात तो है। मुल्क़ के बारह-बारह, तेरह-तेरह साल के मासूम बच्चे जिस इनसान के लिए इस कच्ची उम्र में सड़कों पर आ सकते हैं, उसमें बात तो होगी ही। क्या जोश था सबमें...। आन्दोलन करेंगे। गांधी जी ने कहा है इन गोरों की पढ़ाई नहीं चाहिए। स्कूल छोड़ दो। बस्ते नालों में फेंक कर बच्चे तैयार...। कॉपी-पेंसिल-किताबों में आग लगा कर बच्चे तैयार। अपने छोटे-छोटे हाथों से पर्चे बाँटे थे...तख्तियाँ उठाई थीं। फिर एक दिन अचानक ही सुबह-सुबह मालूम पड़ता है कि आन्दोलन वापस ले लिया गया...। बच्चे मुँह बाएँ ताक रहे हैं आसमान की तरफ। सरकारी स्कूलों का गेट उनके लिए बन्द...। सरकारी कॉलेजों में उनका दाखिला मुमकिन नहीं। कहाँ जाएँ...क्या करें...। किससे फरियाद करें। कोई सुनने वाला नहीं। कोई पूछने वाला नहीं। याद है तुझे वो दिन?

मार्कंड : *(अचकचाते हुए)* हाँ-हाँ याद है। मगर मैं फिर भी इतना परेशान नहीं हुआ था...।

सुखदेव : परेशान नहीं हुआ था? साले कुत्तों समान बिलबिलाते हुए आया था 'अनारकली' के होटल पर। कि अब क्या करूँगा...। बाप जान से मार देगा...। पढ़ाई कैसे जारी होगी...।

मार्कंड : तू तहज़ीब से बात कर सुखदेव...

सुखदेव : चूलें ढीली हो गई थीं। इस कमरे के कम से कम पन्द्रह लड़के होंगे वहाँ उस दिन। ग़नीमत मना कि वक़्त रहते लाला लाजपतराय ने ये नेशनल कॉलेज हम जैसों के लिए खुलवा दिया...वर्ना हाथ में कटोरा लेकर दर-दर की ठोकरें खा रहा होगा...

मार्कंड : *(गरम होकर)* अरे, दर-दर की ठोकरें खाए मेरी जूती। पचास को तो अपने घर में नौकरी दे सकता हूँ। चाहिए किसी को... ?

सुखदेव : *(बोतल तोड़ के उठता है)* साले नौकरी देगा...हमको... ? आईसीएस. की औलाद... ? एडवेंचर के लिए क्रान्ति करते हो... ? ऊपर से मज़ाक उड़ाते हो दूसरों की भावनाओं का... ? चौरीचौरा के सिपाहियों का मरना तुझे याद है...उनका नहीं जो उनकी गोली से मारे गए... ? तीन साल पहले के जलियांवाला कांड को तू भूल गया? उन पन्द्रह सौ लोगों को तू इसलिए याद नहीं रखेगा क्योंकि उनमें तेरा बाप, तेरा भाई या तेरी बहन नहीं थे... ?

मार्कंड : दिस इज़ टू मच भगवती भाई...

भगत : *(बड़बड़ाता है।)* नथिंग इज़ टू मच! नथिंग इज़ टू मच! लेकिन मैं आप से एक ही बात पूछना चाहता हूँ मि. गांधी कि इस मुल्क़ के बच्चों के लिए क्या रास्ता छोड़ा है आपने... *(उसकी आँखों की कोर गीली हैं... ?)*

[लोक गायक की एंट्री! कोरस! गाना शुरू होता है।]

पगड़ी सँभाल जट्टा उड़ी चली जाए रे
पगड़ी की गाँठ पे कोई हाथ ना लगाए रे
मोड़ दे हवा के रुख को जो वो आड़े आए रे
रोक दे उमड़ती रुत को आँख जो दिखाए रे
सरकटी उम्मीदों के पल याद में सज़ाए रे
ख़ून से सनी मिट्टी को भूल तो ना जाए रे
देख देती है वो कसमें अब मचा दे हाए रे
फिर भले ही सारी पगड़ी ख़ून में नहाए रे
पगड़ी सँभाल जट्टा...

[गाना बदलता है। बैसाखी मननी शुरू होती है।]

मस्त नाच दे भंगड़ा जट्टा आई बैसाखी
बैलों के चर्रख़ चूँ की आवाज़ खोल दे...
गला फाड़ के बोले सो निहाल बोल निहाल बोल दे...
मस्त नाच दे...
खड़ी फसल के खेतों का अम्बार खोल दे...
गगन बोल दे धरती और पाताल बोल पाताल बोल दे...
मस्त नाच दे भंगड़ा जट्टा आई बैसाखी...

[सब मस्त हो के नाच रहे हैं। गाना क्रेसेंडो पर पहुँचता है। एकदम सरदार किशन सिंह जी की एंट्री। आते ही लट्ठ ज़मीन पर पटकते हैं। गाना रुकता है। सब बिखर जाते हैं।]

किशन सिंह : वो कहाँ है?

भगवती भाई : जी, कौन... ?

किशन सिंह : *(अपना लट्ठ उठाके)* बताऊँ कौन... ?

भगवती भाई : जी, वो...वो यहाँ तो नहीं है...।

किशन सिंह : वो तो मुझे भी दिख रहा है। मगर है कहाँ?

भगवती भाई : जी, यहाँ तो दो दिन से नहीं आया।

किशन सिंह : ओ तो क्या लाहौर निगल गया...या गोरे खा गए उसे? घर-घर में बैसाखी मन रही है और वो हरामज़ादा अपनी माँ और दादी को भूखा छोड़ कर ना मालूम कहाँ आवारागर्दी कर रहा है? एक बार मिल गया ना...तो उसकी तो मैं...*(रुकते हैं)* और तूने उसे समझाया...जो मैंने कहा था?

भगवती भाई : जी, समझाया था...। वो समझा भी...।

किशन सिंह : फिर... ?

भगवती भाई : जी, वो कुछ ऐसा कह रहा था कि लड़की अगर थोड़ी पढ़ी-लिखी हो तो,...।

किशन सिंह : *(चिंघाड़ कर)* अरे पढ़ी-लिखी लड़की को क्या फ्रेम में सज़ा के रखेगा... ? तुम सबको तो सालो इस नेशनल कॉलेज ने बिगाड़ा है। तुम और तुम्हारे ये गुरु लोग...। क्या लालाजी ने शादी नहीं की? क्या विद्यालंकार अभी तक कुँवारा है!...अभी चार दिन बाद लाहौर की गलियों में लौंडियों के लहँगे सूँघते हुए मिलोगे! (सारे चुप खड़े हैं) ठीक है। साला सरदार का लौंडा तो लट्ठ की भाषा ही समझेगा ना। उसको तो मैं देखता हूँ। ये सुखदेव और यशपाल कहाँ रहते हैं?

भगवती भाई : जी, सुख तो कन्हैयालाल बिल्डिंग में रहता है जयगोपाल के साथ...और यशपाल का मुझे मालूम नहीं!

किशन सिंह : *(लट्ठ फटकारते हुए)* तुमको तो सालों मैं याद दिलवाऊँगा सब कुछ। पिछवाड़े पर ये मार-मार के तुम्हारी क्रान्ति ना निकाल दी तो मेरा नाम भी सरदार किशन सिंह वल्द सरदार अर्जन सिंह नहीं। (झटके के साथ एक्जिट)।

(स्लो फेड-आउट)

(अस्पताल स्लो फेड-इन 1965)

[बूढ़े की आँखें गीली हैं। वो अपनी आँखें पोंछता है।]

आदमी : *(जो मार्कंड त्रिवेदी है और जिसको हम कैंटीन सीन में देख चुके हैं।)* माफ़ कीजिएगा। आपको परेशान कर दिया।

बूढ़ा : नहीं, ऐसा कुछ नहीं है। दरअसल स्मृतियों पर इतिहास या राजनीति का बस नहीं चलता। इसीलिए शायद वो स्मृतियाँ होती हैं। और जब व्यक्ति उम्र के एक ख़ास पड़ाव पर पहुँच जाता है, तो ये स्मृतियाँ ही उसको ज़िलाए रखती हैं। मैं उस वक़्त लाहौर में नहीं था। लेकिन जितनी बार सुनता हूँ...नया-नया-सा लगता है। आओ, बैठो।

मार्कंड : *(शुष्क स्वर में)* मुझे अपनी जगह मालूम है। मैं खड़ा रहना पसन्द करूँगा।

बूढ़ा : *(उसे देखते हुए)* लेकिन तुम को मैं अब भी नहीं पहचान पाया।

मार्कंड : *(एक अजीब-सी हँसी हँसता है)* मैं ख़ुद नहीं पहचान पाया।

बूढ़ा : मेरे पास क्यों आए हो... ?

मार्कंड : इतिहास में ना तो मेरी कोई जगह है, ना ही मेरा इंटरेस्ट। मेरा इंटरेस्ट तो उन लम्हों में है जो बहुत पहले ठहर गए थे और अभी तक ठहरे लगते हैं। उनमें से कुछ मीठे थे तो कुछ कड़वे भी। मीठे बाँटने वाले तो बहुत मिल गए। कड़वों के लिए...*(बोलता-बोलता रुक जाता है।)*

बूढ़ा : *(हँसते हुए)* कड़वों के लिए तुम इस बूढ़े के पास चले आए जो रीढ़ की हड्डी में कैंसर लिये अपनी ज़िन्दगी की आख़िरी घड़ियाँ गिन रहा है...।

मार्कंड : जी हाँ। अपनी आँखों से देख रहा हूँ कि जिस इनसान ने बीसवीं सदी के तीसरे दशक में पूरा हिन्दुस्तान हिला दिया था...उसको आज उसके वार्ड का जमादार भी नहीं पहचान पा रहा...।

बूढ़ा : मेरी अब ऐसी कोई ख़्वाहिश भी नहीं है। जब थी...तो वो पूरी हुई। और तब उसका पूरा होना हमारा मक़सद था...उद्देश्य था...।

मार्कंड : *(कड़वा स्वर धीमे-धीमे तेज हो रहा है।)* मक़सद...? आप लोगों का? क्या था वो? दूसरों को हीन बतलाना...? दूसरों को कॉम्पलेक्स देना...? अपने जोश और उत्साह के आगे दूसरों के व्यक्तित्व को कुचल कर आगे बढ़ जाना...? *(बूढ़ा उसे ख़ामोशी से देख रहा है...।)*

मार्कंड : पंडित चन्द्रशेखर आज़ाद को हनुमान जी का अवतार बतलाना...? सुखदेव को दूसरों का मखौल उड़ाने देना... भगत के इंटलैक्ट के आगे दूसरों को बौना समझना...? और किसी ग़ैर-जानकार को भाई बम्पूलाट जैसे मज़ाक में उलझा कर रुला देना...?

बूढ़ा : *(उसे लगातार घूर रहा है)* तुम भाई बम्पूलाट को भी जानते हो?

मार्कंड : *(अपनी रौ में ठहाका लगाता है...उन्मादी-सा)* क्या बात थी, क्या बात थी। "लैट अस प्लेज अवर लाईब्ज़ टु अवर कंट्री"। ये डायलॉग आज किसी घटिया तीसरे दर्जे की फ़िल्म का नायक बोलना पसन्द करता है जनाब। *(बूढ़े के चारों ओर एक स्पॉट आ गया है स्टेज के एक कोने में? बाकी स्टेज पर अँधेरा हो गया है।)*

बूढ़ा : *(उन्मादी-सा बड़बड़ाता है। फिर उसका बड़बड़ाना एक उन्माद भरी हँसी में तब्दील होने लगता है।)* लैट अस प्लेज अवर लाईब्ज़ टु अवर कंट्री। लैट अस प्लेज अवर लाईव्ज़ टु अवर कंट्री...। *(म्यूज़िक के साथ में*

बाहर तूफ़ानी हवा शुरू होती है। अँधेरे में पात्रों ने एंट्री लेना शुरू कर दिया है।)

बूढ़ा : मुझे अभी तक याद है। 1924 के दिसम्बर की तूफ़ानी रात थी। कानपुर में गणेश शंकर विद्यार्थी जी की 'प्रताप प्रेस' के तलघर में वो खड़ा था...।

[और स्टेज के बीचोंबीच एक स्पॉट आ रहा है। भगत उसमें खड़ा है? उसका चेहरा अब भी ढंग से दिखाई नहीं दे रहा। नेपथ्य से उसकी आवाज़ गूँजनी शुरू हो चुकी है।]

आवाज़ : पूज्य पिताजी,

नमस्ते...!

मेरी ज़िन्दगी मक़सदे आला यानी आज़ादी-ए-हिन्द के उसूल के लिए वक़्फ हो चुकी है। इसलिए मेरी ज़िन्दगी में आराम और दुनियावी ख़ाहशात बायसे कशिश नहीं है।

आपको याद होगा कि जब मैं छोटा-सा था तो दादा जी ने मेरे यज्ञोपवीत के वक़्त ऐलान कर दिया था कि मुझे ख़िदमते-वतन के लिए वक़्फ कर दिया गया है। लिहाज़ा मैं उस वक़्त की प्रतिज्ञा पूरी कर रहा हूँ..। उम्मीद है आप मुझे माफ़ फरमाएँगे।

आपका ताबेदार...

[स्पॉट पूरा फेड-इन होता है। भगत की शक्ल साफ होती है।]

(बिस्मिल की आवाज़ गूँजती है) हूँ! भगतसिंह...।

[आस-पास अँधेरे में बैठे लोगों की शक्लें नहीं दिख रहीं। उनके आकार नज़र आ रहे हैं। कोने में बूढ़े पर एक छोटा स्पॉट चमक रहा है।]

बिस्मिल : *(अँधेरे में)* क्यों आना चाहते हो एच.आर.ए. में ?

भगत : जिस वजह से आप लोग हैं...।

बिस्मिल : अपनी वजह बतलाओ।

भगत : वजह सबकी एक है। मुल्क़ की आज़ादी।

बिस्मिल : कैसे मिलेगी... ?

भगत : लड़ना पड़ेगा।

बिस्मिल : अँधेरे में तीन-चार अंग्रेज़ छोकरों को पीटने को लड़ना कहते हो ? *(एक हँसी)*

भगत : वो शुरुआत थी। और शुरुआत भी कभी ना कभी होती है। *(अशफ़ाकुल्लाह ख़ान की आवाज़ गूँजती है)* लड़ तो पिछले सौ साल से रहे हैं। अभी तक तो मिली नहीं...आज़ादी।

भगत : शायद लड़ने के तरीके में ग़लती रह गई। *(हल्की-सी हँसी फैलती है।)*

अशफ़ाक : *(मुस्कराहट भरा स्वर)* और उस ग़लती को तुम ठीक करने आए हो।

भगत : क्यों नहीं आ सकता ? हमेशा कोई ना कोई आता रहा है।

बिस्मिल : शादी में शहीद होने से बच कर भागे हो बरख़ुरदार... ? *(फिर हँसी की लहर।)*

भगत : *(मुस्कराता है)* शहीद वहाँ भी होना है। तो कम से कम महबूबा तो पसन्द की हो...। *(इस बार एक हल्का ठहाका।)*

अशफ़ाक : जवानी में मौत और महबूबा में कोई फ़र्क़ नहीं दिखता... जब तक कि वो सामने ना आ जाए।

भगत : मैं दोनों का सामना एक ही तरह से करने को तैयार हूँ।

बिस्मिल : बहुत तकलीफ़ होती है मरने में...बरख़ुरदार...

भगत : आप को कैसे मालूम ? आप कभी मरे हैं क्या ? *(एक सन्नाटा) (बिस्मिल असहज हो कर पहलू बदलते हैं।)* मौत के बारे में जितना मुझे मालूम है...उतना ही आप को भी। हिसाब बराबर हुआ।

बिस्मिल : *(थोड़े असहज)* इस कमरे में बैठा हर शख़्स कभी ना कभी...थोड़ा-बहुत मरा है। इनके जिस्म के घाव इस बात के सबूत हैं।

भगत : *(बोलना शुरू करता है)* जिस्म पर लगे घाव आदमी की ताक़त का सबूत नहीं होते जनाब। ताक़त कहीं और से आती है। ख़ून बहाना कोई बहुत बड़ी बात नहीं है...। वो अपना हो...या सामने वाले का। बड़ी बात ये है कि जिस्म से टपकी हुई एक बूँद आने वाली नस्ल के सारे के सारे ख़ून में आग लगा सकती है या नहीं। इनसानी ज़िन्दगी बहुत क़ीमती होती है। हँसते-हँसते उसको फाँसी के तख़्ते पे चढ़ा देना हिम्मत का काम ज़रूर है...मगर समझदारी का नहीं। वक़्त और मौक़ा तय किए बग़ैर अपनी जान गँवाना बेवकूफी है। हिन्दुस्तान के स्वाधीनता संग्राम के सौ साल के इतिहास में शायद यही कमी रह गई...। *(सारे ख़ामोश सुन रहे हैं?)* ...बाकी जहाँ तक आज़ादी का सवाल है...तो मैं बतला दूँ कि हिन्दुस्तान को सिर्फ़ आज़ादी की ज़रूरत नहीं है। ज़रूरी ये है कि ये आज़ादी हमें कैसे मिलती है। और कहीं अगर ये हमें ग़लत तरीके से मिल गई तो मुझे कहने में हिचक नहीं कि आज से सत्तर साल बाद भी हालात ऐसे के ऐसे रहेंगे। गोरे चले जाएँगे...भूरे आ जाएँगे। कालाबाज़ारी का साम्राज्य होगा...घूसखोरी सर उठा के नाचेगी। अमीर और अमीर होते जाएँगे...ग़रीब और ग़रीब...। और धर्म...जाति और ज़ुबान के नाम पर इस मुल्क़ में तबाही का ऐसा नंगा नाच शुरू होगा... जिसको बुझाते-बुझाते आने वाली नस्लों और सरकारों की कमर टूट जाएगी।

[एकदम सन्नाटा है। एक लम्बी चुप्पी फिर बिस्मिल उठते हैं। भगत के पास जाते हैं। हाथ बढ़ाते हैं।]

बिस्मिल : स्वागत है। हिन्दुस्तान रिपब्लिक एसोसिएशन में स्वागत है।

[और एकदम से प्रकाश आता है कोने में अब भी बूढ़े पर स्पॉट बरक़रार है। उसके चेहरे पर स्मृतियों की तरल मुस्कराहट है।]

बिस्मिल : मेरा नाम रामप्रसाद बिस्मिल है।

अशफ़ाक : मैं अशफ़ाकुल्लाह ख़ान।

[भगत हाथ मिला रहा है।]

बिस्मिल : ये रौशन...मुकुंदी लाल...लाहिड़ी...मन्मथनाथ... रामदुलारे...जोगेश...प्रेमकृष्ण...भूपेन्दर...। ये शिव वर्मा...। इसका बदन देखते हो? इसे एच.आर.ए. की दिया सलाई कहते हैं! *(एक ठहाका)* ये जयदेव कपूर। इसे कुश्ती में हराना पड़ेगा! (भगत हाथ मिलाता है) और वो...*(कोने में खड़े बूढ़े पर स्पॉट तेज होता है)* वो है एच.आर.ए. का ख़ास बंगाली। बटुकेश्वर दत्त...। (धड़ाक से एक ड्रम बीट आती है।)

दत्त : *(अपने स्पॉट में तरल आँखों से मुस्कराता है।)* भालों आशि...?

बिस्मिल : पूछ रहा है कैसे हो।

भगत : *(विनम्रता से)* बेहतर।

बिस्मिल : जानते हो? बंगाली और हनुमान जी में क्या फ़र्क़ होता है?

भगत : *(विनम्रता से हँसता है)* जी...क्या होता है?

बिस्मिल : कोई फ़र्क़ नहीं होता...। दोनों को जब तक इनकी ताक़त का एहसास नहीं कराया जाएगा...तब तक ये बूटी लाने के लिए उठेंगे नहीं...और एक बार उठ गए तो बूटी छोड़ पूरा पहाड़ उठा लाएँगे...। *(एक जबरदस्त*

ठहाका!) ...अरे हाँ! हनुमानजी के नाम पर याद आया...। ये पंडित कहाँ गया... ?

[और सारे स्टेज की रोशनी कम होती है। पीछे पूरे बड़े साइक्लो रामा पर सिलुएट में एक आदमी का लम्बा-चौड़ा आकार दंड पेलता हुआ दिखाई दे रहा है। उसकी जनेऊ उसके गले से झूल रही है।]

(बिस्मिल की आवाज़ गूँजती है) ये भूत है...एच.आर.ए. का।

[सब मुस्कराते हैं।]

ज़ंजीर और ज़िन्दगी इसको आज तक नहीं बाँध पाई। और शायद ना ही कभी बाँध पाएगी। पंडित... *(आवाज़ लगाते हैं।)*

आकार : हओ...। *(दंड लगाता रहता है।)*

बिस्मिल : भगतसिंह से मिलेगा... ?

आकार : कसरत के वक़्त नहीं।

[एक हल्की हँसी।]

भगत : *(नम्रता से)* नाम क्या है इनका... ?
(रोशनी जाती है। अपने स्पॉट में खड़े दत्त ने एक जबरदस्त ठहाका लगाया है तरल आँखों के साथ...)

दत्त : *(ऊँचे स्वर में)* पंडित...चन्द्रशेखर...आज़ाद...।

[और एक गर्जता हुआ म्यूज़िक आने लगा है एक लम्बी रेल की सीटी के साथ। म्यूज़िक बढ़ रहा है...। सीटी बढ़ रही है। दोनों पराकाष्ठा पर पहुँचते हैं और धड़ाक से बन्द होते हैं। धड़ाक से रोशनी आती है। धड़ाक से कोरस शुरू होता है।]

सरफ़रोशी की तमन्ना अब हमारे दिल में है
देखना है ज़ोर कितना बाज़ुए कातिल में है

वक़्त अपने दे बता देंगे तुझे ऐ आसमाँ
हम अभी से क्या बताएँ क्या हमारे दिल में है...
देख फाँसी का ये फंदा ख़ौफ़ से है काँपता
उफ कि जल्लादों की हालत भी बड़ी मुश्किल में है
नर्म स्याही से लिखे शेरों की बातें चुक गईं
इक नई बारूद से लिक्खी गज़ल महफ़िल में है
देखना है ज़ोर कितना...
(गाना धीमा होता है)

[स्थायी के साथ में दत्त की स्पीच चलती है उनके स्पॉट से...]

दत्त : (अपने स्पॉट में)...और 9 अगस्त, 1925 को शाहजहाँ पुर से लखनऊ के लिए 8 नम्बर डाऊन पैसेंजर चली। उसमें था सरकारी खजाना और उसमें सवार एच.आर.ए. के सदस्यों को इन्तज़ार था...एक छोटे से स्टेशन के आने का...जिसका नाम था...काकोरी...।

[कोरस ऊँचा होता है...]

आँख से टपकी लहू की बूँद को ले हाथ में
सर कटा दें ऐ वतन बस ये ही हसरत दिल में है
ज़िन्दगी के रास्तों पे ख़ूब यारों चल लिए
अब ज़रा देखें छुपा क्या मौत की मंज़िल में है...

[गाना धड़ाक से रुकता है। विद्यावती जी की चीख़ नेपथ्य में गूँजती है]

विद्यावती : *(चीख़ती है)* अरे सुनते हो...? काकोरी स्टेशन पे सरकारी खजाना लूट लिया गया। अपना भगत भी उन दिनों उधर ही कहीं था ना...?

[और एक आवाज़ गर्जना शुरू होती है। सिलुएट में एक अंग्रेज़ सार्जेंट का आकार आता है।]

आकार : *(चीख़ता है)* नो! नो! नो! टाईटन द सेक्योरिटी! क्लोज़ ऑल द स्टेशन्ज़ बिटवीन शाहजहाँपुर एंड लखनऊ! रेड मेरठ एंड बनारस! रिक्रूट नयू एजेंट्स इन डेल्ही, आगरा, ग्वालियर एंड झाँसी! सेंड वन स्क्वाड टु कैलकटा! दिस इज़ द सेम ब्लडी हिन्दुस्तान रिपब्लिक एसोसिएशन! पिकअप दैट सान्याल! कॉल स्पेशल फोर्स! आई वांट टु सी सी.आई.डी. स्लीयूथ्स इन ईच एंड एवरी स्ट्रीट ऑफ़ कानपुर! *(चौंकता है)* व्हॉट... ? व्हॉट ? *(एक ड्रम बीट!)*

दत्त : *(स्पॉट में)* व्हॉट ? व्हॉट,.. ?

[और धड़ाक से प्रकाश वाला आकार ग़ायब होता है ? दिल्ली सफ़दरजंग-1965]

मार्कंड : *(झटके से बढ़ता है, उन्हें पकड़ता है)* दत्त साहब।

दत्त : व्हॉट ? *(पागलों-सा उसे देखते हैं)* सब ख़त्म हो गया...। सब ख़त्म हो गया। पूरी एच.आर.ए. पकड़ी गई...पंडित जी और मुकुंदी लाल को छोड़कर। हिन्दुस्तान रिपब्लिक एसोसिएशन का एक सुनहरा अध्याय ख़त्म हुआ...। *(मार्कंड उनको थामे है वो धीमे-धीमे उन्हें पलंग पे बिठा रहा है! धीमे-धीमे स्पॉट फेड-आउट हो रहा है। स्टेज पर अँधेरा...।)*

[धीमे-धीमे भगत की आवाज़ गूँजना शुरू होती है। एक स्थान रोशन हो रहा है। लाहौर। भगत का डेरी फार्म]

भगत : दूध का भाव ? *(हाथ में काग़ज़-पेंसिल)*

सुखदेव : *(भुट्टा खाते हुए)* एक आने सेर...।

भगत : चारा कितना लगा ?

सुखदेव : 22 सेर।

भगत : दूध कितना निकला ?

सुखदेव : 18 सेर।

भगत : शहर कितना भेजा?

सुखदेव : 12 सेर...

भगत : बस? और बाकी...?

सुखदेव : *(भुट्टा चबाते हुए)* बाकी देश के नौजवान पी गए...।

भगत : और अभी देश के बुड्ढे को मालूम पड़ गया ना...तो पिछवाड़ा तोड़ देगा...।

[और एकदम से बाहर से सरदार किशन सिंह जी की आवाज़ आती है।]

आवाज़ : ओ कोई है अन्दर...?

[सारे उछलते हैं और किसी ना किसी काम में लगते हैं। सुखदेव भी भुट्टा फेंककर कोई हिसाब उठाता है। किशन सिंह जी अन्दर घुसते हैं। दो-तीन बुज़ुर्ग और उनके साथ हैं।]

सारे : पैरी पौणा बाऊ जी...पैरी पौणा...*(पैर-वैर छूते हैं...।)*

किशन सिंह : *(सन्तुष्टि से)* जीवन्दे रहे जीवन्दे रहे...।
ओ देख भगत! कौन मिलने आया है तुझ से...

भगत : नमस्कार चाचाजी! *(एक दूसरे सिख बुज़ुर्ग)* सतश्री अकाल...

मन्ना वाले बुज़ुर्ग : सतश्री अकाल, बेटा...। *(मुस्कराते हैं)*

किशन सिंह : देख लो जी, पूरे सौ गज़ का टुकड़ा लिया है। तीन भैंसें हैं। एक बछिया अभी-अभी हुई है। पूरे लाहौर तक दूध जा रहा है अपना...।

दुनीचन्द जी : बहुत बढ़िया! पुलिस-वुलिस तो परेशान नहीं करती अब?

भगत : *(नरमी से मुस्कराता है)* जी नहीं। अब ज़मानत के बाद को कुछ नहीं...।

किशन सिंह : दुनीचन्द जी बहुत परेशान थे तेरे लिए। और दौलतराम जी बोल रहे हैं कि केस तो उनके बाप को लेना पड़ेगा वापस। ये गोरी अदालत में केस छह-सात महीने से ज़्यादा नहीं चलते।

दौलतराम जी : और कोई सबूत भी तो नहीं है उनके पास में। अब ज़िन्दगी बनाओ अपनी।

किशन सिंह : सुन ले क्या कह रहे हैं। अब ज़िन्दगी बनाओ अपनी। तुम सबको सालो एक ठौर मिल गया है जीने का। ओ भगवती...। सब ठीक चल रहा है ना... ?

भगवती भाई : जी बाऊ जी, चिन्ता ही ना करें...।

किशन सिंह : ओ सुखदेव! तेरी भड़क कम हुई कि नहीं?

सुखदेव : जी बिलकुल ठंडी पड़ गई है जी...ठंडा-ठंडा दूध पी के...

किशन सिंह : *(गरम हो के)* ओ हरामज़ादो, ये दूध तुम्हारे लिए नहीं दे रही हैं भैंसें! ओ भगवती! नज़र रखना इस पे।

भगवती भाई : जी बाऊ जी...

किशन सिंह : *(मन्ना वालों से हँसते हुए)* ओ, इसके लिए भी एक लड़की-शड़की ढूँढ़ दो जी। जवान पट्ठा है अपना...*(सारे हँसते हैं।)* ओ, मन्ना वाले पूछ रहे हैं तारीख़-वारीख पक्की करें...भगत?

भगत : *(नरमी से मुस्कराता है)* जी, जैसी इनकी मर्ज़ी...मैं इस बार...पूरी तरह से...तैयार हूँ।

[तेजी से फेड-आउट और झटके से फेड-इन। कानपुर। आज़ाद बौखलाए से घूम रहे हैं।]

आज़ाद : *(गुर्राते हुए)* बस एक गिरफ़्तारी हुई और दम निकल गई साले की। इस 1927 के धधकते हुए दौर में लाहौर को दूध पिला रहा है... ?

दत्त : पंडित जी, वो डेरी तो उसके पिताजी ने खुलवाई है...

आज़ाद : *(पलट के गुर्राते हैं)* तो क्रान्ति में अपने पिताजी से पूछ कर कूदा था? साला पचासियों भेद-रहस्य लेकर गया है यहाँ के। इसलिए कि दूध बेचे...शादी करे और बच्चे पैदा करके आबादी पे बोझ बढ़ाए...? (सारे ख़ामोश खड़े हैं।) साले कीड़े-मकोड़े फैला के चले गए ये दोनों एच.आर.ए. में...। वो...क्या नाम है उसका...वो चार फुट का अमरीकन नौटंकीबाज़...

राजगुरु : *(जल्दी से)* जी चार्ली चैप्लिन...

आज़ाद : उसकी फ़िल्में देख-देख के क्रान्ति लाएँगे...?

[सारे ख़ामोश खड़े हैं।]

राजगुरु : *(दबे स्वर में)* जी, बहुत बड़ा एक्टर है जी...

आज़ाद : (गुर्राते हैं) जूता निकालूँ अपना...?

राजगुरु : (सर झुकाता है) जी, सुखदेव कह रहा था...

[आज़ाद घूमते हैं। फिर!]

आज़ाद : ये बम दशहरे में फेंका गया है ना...?

शिव : *(जल्दी से)* हुकूमत का काम है पंडित जी! उनको बहाना चाहिए था...भगत को पकड़ने का। उस पर मोटा केस लगाने का।

जयदेव : उनको काकोरी के नाम चाहिए थे...बचे हुए...। मगर उसने बतलाया कुछ नहीं पंडित जी...

आज़ाद : *(जलती हुई आँखों से बड़बड़ाते हैं।)* अहसान किया मेरे ऊपर...। अहसान किया...

राजगुरु : *(दबे स्वर में)* बहुत मार लगी है, पंडित जी...

आज़ाद : *(बड़बड़ाते हैं)* करनी पड़ेगी...। सहन करनी पड़ेगी...वर्ना बीवी के नाड़े से गिरह बाँध के बैठ जाएँ...। *(सिर हिलाते हैं)* मैं भूलूँगा नहीं...मैं भूलूँगा नहीं। ये सबसे बड़ा धोखा है मेरी ज़िन्दगी का...। *(फिर झटके से मुड़ते हैं)* ठीक! फ़ैसला हो गया। राजगुरु...

राजगुरु : जी पंडित जी...।

आज़ाद : तुम आज की गाड़ी से लाहौर निकल रहे हो। आख़िरी बार बात करके देख लेना...। मानता है तो ठीक...वर्ना *(आवाज़ फँस जाती है...) (स्वर धीमा होता है)* वर्ना भाई बम्पूलाट को भी साथ ले जाना। काम आएँगे...

दत्त : (आगे बढ कर) आप एक बार ख़ुद बात करके देख लेते पंडित जी...

आज़ाद : बस...।फ़ैसला हो गया। *(फिर एकदम हाथ में पकड़ी हुई कोई चीज़ नीचे फेंक के मारते हैं)* स्साला ये दिन भी देखना था...।ये दिन भी देखना था...*(धीमा फेड-आउट)*

[साथ-साथ एक स्लो फेड-इन हो रहा है लाहौर डेयरी में! भगत आज़ाद का ख़त पढ़ रहा है। बाकी लोग आसपास खड़े हैं! नेपथ्य में पंडित आज़ाद की आवाज़ गूँजनी शुरू हो चुकी है...]

...उम्मीद कर रहा हूँ कि अब तक तुम्हारी डेरी कर्ज़ में डूब चुकी होगी क्योंकि वहाँ पर दूध बेचने के अलावा और सब कुछ होता होगा...।

...जानकर ख़ुशी हुई कि इन्क़लाब से तुम्हारा जी ऊब गया। ऐसे में मुझसे दो हाथ पड़वा लिया करो। जी ठीक रहेगा।

तुम्हारा केस आजकल में ही वापस लिए जाने की ख़बर है। ज़मानत का पैसा मिलने की पहले से बधाइयाँ। आगे से बापों से मज़ाक किया करो तो याद रखा करो कि बाप इस दुनिया में तुमसे पहले आए थे...।

[भगत...सुखदेव...भगवती भाई...यशपाल का ठहाका]

भगवती भाई : *(हँसते हुए)* क्या कभी इतिहास मानेगा कि चन्द्रशेखर आज़ाद ने भगतसिंह को उड़ाने के लिए भाई बम्पूलाट भेज दिए... ?

भगत : *(हँसता हुआ)* और भाई बम्पूलाट बिलकुल भरे हुए थे। जैसे देखते ही चीर-फाड़ डालेंगे।

राजगुरु : *(भोली आवाज़ में)* लेकिन तुम लोगों ने ये किया क्यों था... ?

भगत : अबे उल्लू के पट्ठे...। नाम है राजगुरु और राजा के भांडों जैसी बातें करता है। अरे, मेरी साठ हज़ार रुपए की ज़मानत दी गई है। और वो भी बैरिस्टर दुनीचन्द और दौलतराम जी जैसी हस्तियों ने। अगर छह महीने तक मैंने कुछ भी उल्टा-सीधा किया तो उनकी साख कहाँ जाएगी।

सुखदेव : और आगे से कभी कोई भी पकड़ा गया तो ज़मानती कहाँ से लाओगे? पैसे के नाम पर पार्टी वैसे ही नंगी है। फिर कोई डकैती डालनी पड़ेगी।

भगतसिंह : बाकी यशपाल ने असेम्बली में केस उठवा दिया है। आज कल में ही ज़मानत वापस...और इन्क़लाब शुरू...। लेकिन ये रही ख़ूब...*(फिर एक ठहाका मारता है)* जियो हमारे पंडित जी। क्या कहने हैं...।

राजगुरु : *(जिद्दी बच्चे के सुर में)* लेकिन मेरा सवाल तो वहीं का वहीं है। तुम लोगों ने ये किया क्यों था?

सुखदेव : अरे मेरे राजदुलारे! पेट में दूध-दही जा रहा था लेकिन दिमाग़ बिलकुल ख़ाली था तो सोचा कुछ करते हैं...

भगत : अब हर कोई पंडित जी तो हो नहीं सकता ना जो चौबीस में से पच्चीस घंटे लँगोट बाँध के रहे! (एक ठहाका)। लेकिन पंडित जी ने भी लुहार की चोट मारी है। क्या कहने हैं पंडित जी...

[आगे ख़त पढ़ता है।]

...अब ज़रूरी बात! फिरोज़शाह कोटला दिल्ली की मीटिंग पक्की हो चुकी है। उत्तरी भारत के सभी दलों में इस मीटिंग को लेकर काफी उत्साह है। बंगाल के

अलावा इसमें सब लोग आ रहे हैं। जैसा कि तय है...इस मीटिंग का संचालन तुम करोगे। उम्मीद करता हूँ कि ये क्रान्तिकारी आन्दोलन में एक नई करवट साबित होगी। फ़ैसला जो भी होगा...मुझे मंज़ूर होगा...।

तुम सब का...

पंडित

पुनश्च : अगली बार मिलो तो इस सोशलिज़्म नाम के लफ्ज़ का थोड़ा खुलासा करना। अगर रूसी क्रान्ति पर भी कोई किताब ला सको तो अच्छा रहेगा...मगर ख़याल रहे...हिन्दी में...।

[और एक गरजते हुए म्यूज़िक के साथ दृश्य बदल रहा है भगत की आवाज़ गूँजना शुरू हो चुकी है। फिरोज़शाह कोटला के खंडहर... दिल्ली।]

भगत : क्योंकि उस मुल्क़ के पास देने के लिए आइडियोलॉजी है। उसी की बदौलत वहाँ इन्क़लाब आया है। रूसी क्रान्ति पिछले दशक की ही नहीं बल्कि इस सदी की सबसे बड़ी घटना है मि. बनर्जी। क्या बंगाल ने क्रान्ति का पहला पाठ महाराष्ट्र से नहीं सीखा... ? क्या पंजाब ने क्रान्ति का पहला पाठ बंगाल से नहीं सीखा ? तो क्यों हम हिचकें एक ऐसी चीज़ लेने में जो एक एप्लाइड साइंस के तौर पे उभर कर आई है ?

फनीन्द्रनाथ घोष : लेकिन मि. सिंह, इस सोशलिज़्म नाम की साइंस में धर्म के लिए कोई जगह नहीं है जो हमारे देश की परम्परा है... !

भगत : *(एक हँसी के साथ)* हमारे देश की परम्परा ग़रीबी है... ! हमारे देश की परम्परा भूख है... ! हमारे देश की परम्परा फ्रस्ट्रेशन है... ! और हम इसी परम्परा को अपने सीने से चिपका कर ज़िन्दगी-भर घूमना चाहते हैं।

धर्म इनसानी कौम के लिए एक अफ़ीम है...जो उसे एडिक्ट तो कर सकती है...उसे भरपेट खाना नहीं खिला सकती।

ललित मोहन

बनर्जी : आप ये कैसे कह सकते हैं? उससे व्यक्ति का विश्वास बढ़ता है।

भगत : उससे व्यक्ति का ख़ौफ़ बढ़ता है।

बनर्जी : उस व्यक्ति में आध्यात्मिक शक्ति आती है।

भगत : और वो सारी शक्ति मिलकर एक वक़्त की भूख नहीं मिटा सकती।

फनीन्द्र : आप भूख को ही इतना ऊँचा स्थान क्यों देते हैं?

भगत : देते तो आप भी हैं। मैं बोल देता हूँ, आप बोलते नहीं।

फनीन्द्र : हमारा इतिहास गवाह है कि धर्मगुरुओं ने इन्क़लाब ला के दिखाया है...।

भगत : हमारा छोड़...दुनिया के इतिहास में से एक उदाहरण दिखा दीजिए...।

फनीन्द्र : क्यों...! कबीर...?

भगत : कबीर का मक़सद किसी भी इनसान को भगवान से मिलाने के लिए नहीं था। उसका इरादा दो हाड़-मांस के इनसानों की दूरी ख़त्म करना था...।

बनर्जी : हजरत साहब...जीसस क्राइस्ट...

भगत : वो बहुत बड़े आन्दोलनकारी थे, जनाब। वो लोगों को साथ लेकर चले थे। और ज़रूरी नहीं कि इस्लाम और ईसाइयत का जो स्वरूप आज हमको दिखता है, वो उन्हीं का सोचा हुआ था...।

फनीन्द्र : लेकिन वो अपने कर्मों से इतिहास से उठकर माइथोलॉजी में चले गए...।

भगत : उसके लिए ज़िम्मेदार ये दो हज़ार सालों का वक़्फ़ा है, जब हम उन्हें सिर्फ़ साबुन केर कैलेंडर के माध्यम से जानने लगे हैं।

सुखदेव : और कोई बड़ी बात नहीं कि कल को आप हिन्दुस्तान के आन्दोलन के कर्णधार बन जाएँ तो पाँच सौ साल बाद आपके बारे में भी ये ही कहा जाएगा कि भई घोष बाबू तो 8 सितम्बर, 1928 को फिरोज़शाह कोटला की मीटिंग में हवा में उड़ के आए थे...

[एक ठहाका]

फनीन्द्र : (गरम होकर) यू पर्सन्स आर इम्पॉसिबल। आप लोगों से बात करने का कोई फायदा नहीं है।

भगत : जब पास में ठोके-बजाए तर्क नहीं हों, तो फिर किसी से बात करने का कोई फायदा नहीं होता।

बनर्जी : लेकिन आप इस सोशलिज़्म की व्यावहारिकता के बारे में क्या कहेंगे... ?

भगत : आज़ादी ज़रूरी नहीं! आज़ादी के बाद का हिन्दुस्तान ज़रूरी है। और उसके लिए अगर कुछ भी व्यावहारिक है तो ये ही है...वर्ना कुछ नहीं।

फनीन्द्र : *(हार कर)* ठीक है! एक आख़िरी सवाल करना चाहूँगा। इस एच.एस.आर.ए. का कमांडर इन चीफ़ मि. चन्द्रशेखर आज़ाद ही क्यों... ?

शिव वर्मा : क्यों नहीं?

फनीन्द्र : वो व्यक्ति अंग्रेज़ी की एक लाइन नहीं बोल सकता।

बनर्जी : भई, कमांडर एक प्रेरणा होता है। उसका लिटरेट होना ज़रूरी है।

भगत : लिटरेट होना एक सब्जेक्टिव बात होती है, जनाब! कहीं पर वो मिशनरी स्कूल की पढ़ाई की वजह है, तो कहीं पर ज़िन्दगी के तल्ख़ तजुर्बों से।

फनीन्द्र : लेकिन वो यहाँ इस मीटिंग तक में नहीं आए हैं!

भगत : इसका जवाब शिव वर्मा देंगे।

शिव वर्मा : *(मुस्कराकर)* पटना गए हैं। कल सुबह दंड पेलते हुए मिले थे। मीटिंग की याद दिलाई तो कहने लगे

कि पहली ग़लती तो ये कर रहे हो कि कसरत करते हुए मुझसे बात कर रहे हो। 118 पेल चुका हूँ और 200 से पहले उठूँगा नहीं। फिर दूध-जलेबी खाऊँगा, अपनी माऊज़र साफ करूँगा और फिर किसी की बात का जवाब दूँगा। और दूसरी ग़लती ये कर रहे हो कि पार्टी की गतिविधियों की जानकारी नहीं रखते, वर्ना कब का मालूम पड़ जाता कि आज रात की गाड़ी से पटना जा रहा हूँ और मीटिंग में नहीं आ पाऊँगा।

जयदेव : मैंने ग़लती से पटना का पता पूछ लिया तो बोले कि या तो मैं जानता हूँ या फिर भाई बम्पूलाट जी जानते हैं। किसी तीसरे को जानने से पहले ही उड़ा दूँगा...।

बनर्जी : भाई बम्पूलाट जी...क्या...?

सुखदेव : छह राउंड के होते हैं! पंडित जी के पास दस राउंड के हैं। *(एक हँसी की लहर।)*

भगत : तो फिर ये तय रहा कि आज से हिन्दुस्तान रिपब्लिक एसोसिएशन का नाम बदलकर हिन्दुस्तान सोशलिस्ट रिपब्लिक एसोसिएशन हुआ। और अब आता है हमारा पहला टारगेट...। 30 अक्टूबर को साइमन कमीशन लाहौर पहुँच रहा है। वो जहाँ-जहाँ से गुज़रेगा, उसका वहाँ-वहाँ कड़ा विरोध किया जाएगा और हमारा नारा होगा। 'साइमन कमीशन...गो बैक...!'

[रोशनी धीमी होती है। लोकगायक की एंट्री। गाना शुरू।]

वक़्त के पन्नों की रफ़्तार का आलम
क्या पूछो सरकार...भागते रहते वो हर बार
गली-बाज़ार छोड़कर...
साथ में लेकर चलते हैं वो बीती
उथल-पुथल की मार...बला से रुके-चले

कोई भी कारोबार छोड़ कर...
थाम लेते हैं वो तो सधी लगामें घड़ी-घड़ी की

रोक लेते हैं वो तो चढ़ी उठानें बड़ी-बड़ी भी
और जो आया कोई ख़ौफ़नाक तूफ़ानी नाला
थपक के सुला-सुला देते हैं लहरें बढ़ी-चढ़ी भी
उन्हें तो कहाँ हुआ है भूले बिसरे मौसम रुत
से प्यार, वो तो बस चलते जाते
पतझड़ और बहार छोड़ कर
वक़्त के पन्नों की रफ़्तार...

[गाना फेड-आउट हो रहा है। बैकग्राउंड में नारे लगने शुरू हो गए हैं—'साइमन कमीशन गो बैक'। फेड-इन हो रहा है, लाहौर में सरदार किशन सिंह जी का घर]

विद्यावती : कृपाण भी साथ ले जानी है क्या?

किशन सिंह : नहीं तो? बिना कृपाण के सरदार तो ऐसे जैसे बिना ताज के राजा! ये तेरी नामाकूल औलाद है क्या जिसने सिख होने के बावजूद केश कटा लिये? अरे, क्रान्तिकारी कहते हैं लाला जी को। शेर बूढ़ा हो जाने पर भी शेर ही रहता है। क्या शान से आज जुलूस की कमान सँभाली है। ऐसे लग रहे हैं जैसे आग का गोला।

विद्यावती : सुखदेव और भगवती वग़ैरह भी तो उनके साथ चल रहे हैं।

किशन सिंह : तू उन हरामखोरों के नाम मत लिया कर मेरे सामने। ये सारे के सारे लाला लाजपत राय के पैरों की जूती भी नहीं हैं।

विद्यावती : *(दबे स्वर में)* लेकिन भगत तो उनके बारे में कुछ और ही कह रहा था...

किशन सिंह : *(ग़ुस्से में)* और मैं कुछ नहीं कह रहा? इस 45 साल, के सरदार की बात का यक़ीन नहीं, उस 20 साल के

लौंडे का है...? उस अच्छी-भली लड़की को और परेशान कर रखा है!

विद्यावती : आप उस लड़की को समझा क्यों नहीं देते कि कहीं और शादी कर ले?

किशन सिंह : *(चिढ़े हुए स्वर में)* अरे, अपनी ख़ुद की औलाद को तो समझा नहीं पा रहे, दूसरे की औलाद से बात करें! मुझे तो साली ये नई पौध ही समझ में नहीं आ रही। ना जाने क्या खा के पैदा हुई है। कल तक इन्हीं लाला जी को ग़ाली दे रहे थे...। आज उन्हीं को पुलिस से बचाते हुए बाप समान घेरे साथ चल रहे हैं।

विद्यावती : लेकिन भगत तो कह रहा था कि ये सारा मोर्चा लाहौर में उसकी नौजवान भारत सभा ने सँभाल रखा है।

किशन सिंह : *(एक पल चुप रहते हैं! फिर थके हुए स्वर में बोलते हैं।)* अरे हाँ-हाँ सँभाल रखा है। अब है तो उसी अजीत का भतीजा ना...। ये जुलूस मोर्चे ही करता रहे तो ठीक है। कम से कम अपने चाचा की तरह ज़िन्दगी-भर के लिए मुल्क़ छोड़कर बाहर तो नहीं रहना पड़ेगा ना...। आज बीस साल होने को आए उसे फरार हुए। घर में जवान बीवी छोड़कर गया था। बेचारी इन्तज़ार करते-करते बुढ़ा गई...। *(चले जाते हैं नेपथ्य से नारे लगाने की आवाज़ तेज़ होती है। रोशनी ग़ायब होती है! एक स्पॉट में लड़की स्पष्ट हो गई है! 'साइमन कमीशन गो बैक' के नारे नेपथ्य से बढ़ गए हैं। म्यूज़िक बढ़ गया है और धड़ाक से सारा शोर बन्द होता है। पीछे से विद्यावती जी की चीख़ आती है—'अरे सुनते हो...? लाला जी मारे गए...।')*

लड़की : *(स्पॉट में एकटक एक तरफ देखते हुए)* कौन मारा गया, बेबे जी...? *(एक और स्पॉट)*

आज़ाद : *(स्पॉट में चीख़ते हैं!)* नाम क्या था उसका?

भगवती भाई : *(स्पॉट में)* सुपरिंटेंडेंट स्कॉट।

दोनों : भगत...। *(स्पॉट फेड-आउट)*

दूसरा स्पॉट

भगत : सुखदेव, भगवान दास और विजय उसके आने का टाइम चेक करेंगे। उसकी शक्ल को कौन जानता है?

सुखदेव : जयगोपाल...।

दोनों : *(चिल्लाकर)* जयगोपाल..। *(स्पॉट फेड-आउट)*

तीसरा स्पॉट

जयगोपाल : वो मोटर साइकिल पर आता है। डी.ए.वी. कॉलेज के सामने। मैं देखते ही इशारा कर दूँगा। पिस्तौल किसके पास में है?

विजय : राजगुरु के पास।

दोनों : *(चिल्लाकर)* राजगुरु...! *(स्पॉट फेड-आउट)*

चौथा स्पॉट

राजगुरु : मैं और भगत पहली गोली चलाएँगे। हमारा किसी ने पीछा किया तो पंडित जी को सँभालना है। पंडित जी कहाँ है? *(चिल्लाता है)* पंडित जी...! *(धड़ाक से एक ड्रम-बीट के साथ स्पॉट ग़ायब होता है? 'धाँय' से फ़ायर की आवाज़ आती है।)*

पाँचवाँ स्पॉट

सुखदेव : *(चिल्लाता है)* जयगोपाल ने ग़लत इशारा कर दिया पंडित जी। स्कॉट के बजाय सांडर्स मारा गया।

आज़ाद : *(गुर्राते हैं)* यमराज और यमदूत में ज़्यादा फ़र्क़ नहीं होता। लाठियाँ इसी सांडर्स ने बरसाई थीं।

[नेपथ्य से विद्यावती जी की चीख़ आती है।]

चीख़ : अजी सुनते हो? अपने भगत पर ख़ून का इलज़ाम लग गया...।

लड़की : *(वैसे ही एकटक एक तरफ देखते हुए...स्पॉट में)* ख़ून का इलज़ाम...? इन पर? मगर किसके ख़ून का...? *(और एक और स्पॉट रोशन होता है? उसमें भगत और सुखदेव एक दूसरे के आमने-सामने खड़े हैं? सुखदेव धीमे से मुड़ता है और लड़की के स्पॉट में प्रवेश करता है।)*

सुखदेव : आदाब अर्ज़ है जी।

लड़की : ओ हो। आजकल सरदार जी उर्दू बोल रहे हैं। सतश्री अकाल नहीं कहा जाता? ग्रन्थी जी तक बात पहुँच गई तो गज़ब हो जाएगा।

सुखदेव : अजी सरदार जी हम कहाँ! सरदार जी तो अन्दर हैं! कहें तो बुलाऊँ...?

लड़की : *(एकदम)* मैं चली जाऊँगी।

सुखदेव : अजी ये आपके जाने की उम्र है? थोड़ा बैठिए, पसीना सुखाइए...थोड़ा सुस्ताइए, दूध-छाछ पीजिए, सेहत बनाइए...! कल को ज़माना तो हमें इलज़ाम देगा ना कि ख़ातिर-तवज्जोह में कमी रह गई...।

लड़की : *(मुँह दबा कर हँसते हुए)* ख़ातिर जमा रखिए अपनी ख़ातिर-तवज्जोह! आगे काम आएगी। चाचीज़ी हैं अन्दर...?

सुखदेव : चाचीज़ी को ही ढूँढ़ा जा रहा है या...

लड़की : *(मुस्कराते हुए)* सावन के अन्धे को हरा ही हरा नज़र आता है...। आजकल कोई और बात नहीं सूझती क्या...?

सुखदेव : *(साँसें भरते हुए)* बातें तो बहुत सूझती हैं...लेकिन क्या करें...। ये कम्बख़्त कुछ चेहरे ऐसे होते हैं कि एक बार सामने आए और दिमाग़ से सब-कुछ गुल...!

लड़की : *(मुस्कराते हुए)* रोज़ गुरुद्वारे जाया कीजिए, गुरबानी सुना कीजिए, मत्था टेका कीजिए और छक कर लंगर

खाया कीजिए। वाहे गुरु की कृपा से दिमाग़ बिलकुल ठीक रहेगा...।

सुखदेव : अजी गुरबानी से दिमाग़ का इलाज तो हो जाएगा...मगर दिल का...।

लड़की : *(मुस्कराते हुए)* महंत जी से कह के झाड़ा लगवा दूँगी। बेफिकर रहिए। और चाचीज़ी को चाईजी ने बुलवाया है। हम चलते हैं, सतश्री अकाल।

सुखदेव : अभी कोई और भी आ रहा है जो आपके सतश्री अकाल का हमसे ज़्यादा हक़दार बनता है। उसे भी बोलकर जाइए ना...*(लड़की स्पॉट फेड-आउट)* *(सफ़दरजंग हस्पताल स्पॉट फेड-इन होता है।)*

[मार्कंड दत्त के सामने खड़ा है और सुखदेव ने मुड़कर भगत के स्पॉट में प्रवेश किया है।]

मार्कंड : यही सवाल मेरा था। यही सवाल मेरा था। ख़ून का इलज़ाम उस पर...लेकिन किसके ख़ून का...? *(दत्त उसे सधे नेत्रों से घूर रहे हैं।)*

मार्कंड : *(वैसे ही पागलों-सा)* उस सांडर्स का ख़ून तो सब को याद रहा। इतिहास ने उसे अपने पन्नों में डंके बजा के जगह दी। उस इलज़ाम ने उसे युगपुरुष बना दिया। लेकिन...

सुखदेव : कल वो किनारी बाज़ार में मिली थी अपनी माँ के साथ। मैंने सतश्री अकाल कहा तो शर्मा गई। उसकी माँ हँस कर बोली कि इनसे शर्माने से काम नहीं चलेगा। अगली होली तुझे देवर-जेठों के बीच में ही मनानी है।

मार्कंड : *(पागलों-सा)* उस ग़रीब की जान के सपनों का ख़ून...? उसका दारोमदार? उसकी ज़िम्मेदारी? दूसरों के ख़ून से होली खेलने वाले उस महाबली ने क्या कभी मेहँदी के रंग को पहचानने की कोशिश की?

भगत : ये होना ही था, ये होना ही था। मैं तुझसे पहले भी कहा करता था कि उससे हँसी-मज़ाक मत किया कर। ये मेरी ज़मानत के दिन महँगे पड़ गए सुखदेव।

मार्कंड : चौबीस-चौबीस घंटे बम-बारूद की गंध सूँघने वाले उस योद्धा ने क्या कभी किसी गुलाब की नन्ही-सी कली को सूँघ कर देखा ? हिन्दुस्तान के स्वतंत्रता संग्राम की धारा को बदल कर रख देने वाले उस युगद्रष्टा ने क्या कभी किसी के छोटे-से कुलबुलाते दिल को टटोलने की कोशिश की... ?

सुखदेव : *(उसी तीख़ी नज़रों से देखते हुए)* अपने आप से चोरी करने की कोशिश मत कर। तू इस वक़्त सुखदेव से बात कर रहा है।

भगत : *(थोड़ा गड़बड़ा कर)* मैंने उससे आज तक बात नहीं की।

मार्कंड : जवाब दीजिए! जवाब दीजिए! उस इनसान के साथ कन्धे से कन्धा भिड़ा कर उस संग्राम में बराबर का हिस्सा लेने वाले इतने ज़िम्मेदार व्यक्ति होने के नाते आपका ख़ामोश रहना कहाँ तक जायज है... ?
(चबा-चबा कर बोलता है) मि. बटुकेश्वर दत्त... ?

सुखदेव : उससे कोई फ़र्क़ नहीं पड़ता। ये तू ख़ुद जानता है।

भगत : *(ज़ोर से)* लेकिन हम इसके लिए ज़िम्मेदार हैं सुखदेव, हम इसके लिए ज़िम्मेदार हैं। हम इससे भाग नहीं सकते।

सुखदेव : भागे बग़ैर कोई चारा भी नहीं है। ज़िन्दगी हमें कहीं और धकेल चुकी है।

भगत : *(दृढ़ स्वर में)* ज़िन्दगी किसी को किसी की मर्ज़ी के बिना कहीं नहीं धकेल सकती।

सुखदेव : (उसे घूरते हुए) तेरी आँख में मुझे सूअर का बाल नज़र आ रहा है भगत।

भगत : क्या मतलब ?

सुखदेव : तूने 8 अप्रैल वाले एक्शन में जाने से इनकार कर दिया ?

भगत : किसने कहा ? वो पंडित जी का आदेश था कि 8 अप्रैल को असेम्बली में बम फेंकने मैं नहीं जाऊँगा... ।

सुखदेव : जबकि बम फेंकने की पेशकश तेरी थी। फेंकने के बाद गिरफ़्तारी देने की पेशकश तेरी थी।

भगत : वो आज भी है। वहाँ उस वक़्त दुनिया जहान की प्रेस मौजूद होगी। विदेशी पत्रकार होंगे। एच.एस.आर.ए. के पास अपनी बात दुनिया तक पहुँचाने का इससे अच्छा मौक़ा और कोई नहीं हो सकता।

सुखदेव : *(तीख़े स्वर में)* और पहुँचाएगा कौन ? वो राजगुरु जो ऑर्गेनाइज़ेशन का सबसे भरोसेमंद सिपाही है, लेकिन लाचार बचपन की वजह से ऐसी ज़ुबान नहीं रखता कि अपनी बात को ठीक से रख सके ? वो जयगोपाल जो तेरे एक इशारे पर जान की बाज़ी लगा सकता है, लेकिन बेचारा चाह कर भी मंच पर खड़ा होकर क्रान्ति के मक़सद को बौद्धिक स्तर पर व्यक्त नहीं कर सकता ?

भगत : ये सब बातें मुझे बोलने का मतलब ?

सुखदेव : *(कड़वी हँसी हँस कर)* सरदार भगतसिंह सुखदेव से एक मामूली-सी बात का मतलब पूछ रहे हैं ?

भगत : तू बहुत गन्दा इशारा कर रहा है, सुखदेव...

सुखदेव : *(अपनी रौ में)* सरदार भगतसिंह को एकदम अहसास हुआ है कि उनका इंटलैक्ट सिर्फ़ लेख लिखने में है। एच.एस.आर.ए. के थिंक टेंक कहलाए जाने वाले सरदार भगतसिंह के इरादों में दिक़्क़तें आने लगी हैं। सरदार भगतसिंह अपनी तूफ़ानी शिद्दत और विश्व क्रान्ति की बेइंतिहा जानकारी अपनी ज़िन्दगी के किसी नाज़ुक से लम्हे के लिए बचाकर रखने की सोच रहे हैं...

भगत : *(ठंडे स्वर में)* ख़ामोश हो जा सुखदेव...

सुखदेव : किसी भी किस्म की क्रान्ति में कंफ़्यूज़न की कोई गुंजाइश नहीं होती जनाब...और ख़ास कर जब वो कंफ़्यूज़न किसी औरत का लाया हुआ हो... ।

भगत : मैं कह रहा हूँ ख़ामोश हो जा सुखदेव...

सुखदेव : तेरी आँख की लाली में बदलाव देख रहा हूँ मैं आजकल...। कोई वजह नहीं बनती कि तू उस पीढ़ी के मुँह पे थप्पड़ मारे जो तेरा मुँह देख-देख के जी रही है...

भगत : *(चिल्लाता है)* पंडित जी...।

[एक धड़धड़ाते हुए म्यूज़िक के साथ सारे पात्र स्टेज़ पर आते हैं और उसके बाद लोकगायक एकदम प्रवेश लेता है। गाना शुरू होता है।]

आज तो हो जाए जो होता आया है और होता जाएगा
उसको रोकेगा कौन भला तुम बोलो...
उसे तो होना है और हुआ करेगा होने में उसकी होनी है
नहीं हुआ तो किधर मरेगा बोलो...
लेकिन हुआ करे तो होने दो उसको ना रोको वो तो होकर
ही कुछ कर दिखलाएगा अरे बोलो...
आज जो होता है सो होने दो अब देखें कितना हो सकता है
यही नाप लें फ़ितरत अपनी बोलो...
आज तो हो जाए...आज तो हो जाए

[और आख़िरी लाइनों के साथ म्यूज़िक बढ़ रहा है। साइक्लोरामा उजला हो गया है। भगत और दत्त की छायाएँ बड़ी हो गई हैं। वो धीमे-धीमे हाथ उठाते हैं...और धड़ाक से बारी-बारी बम फेंकते हैं। भगत डाउन स्टेज पर आता है।]

भगत : *(बर्छे जैसी तीखी आवाज़ में)* द ब्रिटिश एम्पायर वाज़ इस्टेब्लिशड बाई द फ्राड एंड फोर्जरी ऑफ़ क्लाइव एंड हेस्टिंग्ज़ एंड इट इज़ बीइंग मेनटेंड बाई ब्रिटिश

बायोनट्स! एंड हेंसफोर्थ वी से इन द लाऊड रोरिंग वॉइस...दैट डाऊन विद इंपीरियलिज़्म
वर्कर्स ऑफ़ द वर्ल्ड, गेट यूनाइटेड
लांग लिव रिवोल्यूशन।

[सारे पात्र भगत के साथ नारे लगाते हैं। इस बीच मार्कंड और दत्त अपने स्पॉट में आ गए हैं और भगत अपने स्पॉट में।]

मार्कंड : और उस दिन दिल्ली की जेल में सिपाही आया था।

दत्त : हाँ। तश्तरी को नीचे पटक कर बोला था—'ख़ाना'।

मार्कंड : और वो क्या बोला था?

भगत : *(हाथ बढ़ा कर)* सन्देश...! तुम्हारी सरकार के लिए!

स्पॉट

किशन सिंह : *(थके स्वर में)* अरे, अब मैं क्या करता। मना कर दिया...सब के सामने। सारी जेल देख रही थी। मुकदमा ख़ुद ही लड़ेगा।

विद्यावती जी : उससे फ़ायदा?

किशन सिंह : इन लोगों के फ़ायदे और नुकसान कोई समझ पाया है क्या?

स्पॉट

भगवती भाई : *(चिल्लाते हैं)* एक लाहौर भेजी...उसके घर...। बाकी सारे सैन्टर्स पर। सरकार बौखला उठी है पंडित जी। चारों तरफ छापे पड़ने शुरू हो गए हैं। सब को इन्फ़ॉर्म करना पड़ेगा कि अंडरग्राउंड हो जाएँ।

आज़ाद : *(चिल्लाते हैं)* सिर्फ़ अंडरग्राउंड होने से काम नहीं चलेगा। काम ज़ारी रहना चाहिए। तुम अभी एकदम पूना निकल रहे हो राजगुरु...। और अपनी कैंची जैसी ज़ुबान पर काबू रखना। पटना, आगरा, झाँसी, सहारनपुर

तार कर दो कि ग़ायब हो जाएँ। लाहौर सुखदेव को ख़बरदार कर दो कि बचकर रहे। उसे कुत्तों समान ढूँढ़ रही है पुलिस।

स्पॉट

मार्कंड : मगर कहाँ गईं आप लोगों की वो धमाकेदार योजनाएँ? कहाँ गया वो एच.एस.आर.ए. का फैला हुआ नेटवर्क? कहाँ गई पंडित जी की गाईडेंस? आप लोग तो अपने आपको समझदारी की इंतिहा माना करते थे ना?

स्पॉट

आज़ाद : *(गुर्राते हैं)* क्या?

भगवती भाई : हाँ पंडित जी! जयगोपाल मुख़बिर बन गया। लाहौर की बम-फ़ैक्ट्री पकड़ी गई...। और आज आगरा की। और फ़ैक्ट्री के साथ...

आज़ाद : फ़ैक्ट्री के साथ...

स्पॉट

किशन सिंह : *(थके स्वर में)* अरे, भगत के बाद दूसरा बच्चा था हमारा। बिगड़ गया था तो क्या...।

विद्यावती : *(सूने स्वर में)* क्या करेंगे उसका?

किशन सिंह : करेंगे क्या! मुकदमा चलाएँगे। परसों रात को चुपचाप मिलने आया था। पैर छूकर बोला था कि भगत के लिए कोई सन्देशा है क्या। अब उसके ख़ुद के लिए सन्देशा भेजना पड़ेगा।

स्पॉट

सुखदेव : मेरा सन्देशा तेरे लिए ये है भगत कि मैं पीछे नहीं रहा। जेल जेल का फ़र्क़ है। तू दिल्ली में है...मैं लाहौर में...। और मैंने सुना कि तुम्हारे केस की कार्यवाही शुरू हो गई...?

स्पॉट

भगत : *(गर्जती आवाज़ में)* इनसान के लिए हमारा इश्क़ किसी से भी कम नहीं है। इसलिए इनसान का ख़ून करने की ख़्वाहिश रखने का तो सवाल ही नहीं उठता। हमारा एकमात्र उद्देश्य था कि एक धमाका करें क्योंकि बहरों को सुनाने के लिए धमाकों की ही ज़रूरत होती है। हमने उनको चेतावनी दी है जो आँख मूँदकर अन्धों समान इस रेस में दौड़ते चले जा रहे हैं...आने वाली गम्भीर स्थितियों की चिन्ता किए बिना। हमारा ये काम हमारे इन्सानियत के प्रति रुझान को ही दर्शाता है। हम वो मशाल लेकर उठे हैं जो कभी गुरु गोविन्द सिंह और शिवाजी, कमाल पाशा और रज़ा खाँ, वाशिंगटन और गेरीबाल्डी, और लफ़्फ़ायते और लेनिन के हाथ में थी। हम ये असेंबली कांड करके बतलाना चाहते थे कि व्यक्ति की हत्या की जा सकती है, उसके विचारों की नहीं। फ्रांस में लेटर डी कैचेट और वैस्टाईल के ख़ौफ़नाक हादसे कभी भी क्रान्ति को नहीं कुचल सके। साइबेरिया के ख़ानों में भेजकर ज़िन्दगी छीन ली गईं, उनके इरादे नहीं। और साथ ही हमारी क्रान्ति कोई बम और पिस्तौलों की संस्कृति नहीं है। हमारे लिए उसका अर्थ है... बदलाव...। चेंज...! अगर समय रहते हमारी इस वर्तमान सभ्यता के ढाँचे को बदला नहीं गया...। अगर सर्वहारा वर्ग को महत्ता नहीं दी गई तो अपने आने वाले कल के हिन्दुस्तान को महज़ कुछ पूँजीपति अपनी सुनहरी क़लमों से लिख रहे होंगे...।

स्पॉट

मार्कंड : *(ठहाका लगाते हुए)* कितने आगे गई उस युगद्रष्टा की भविष्यवाणी... ? किसके कानों में रची-बसी रह गई है

आज उसकी बात... ? आज 1965 इस बात का गवाह है कि आज़ादी हमको कांग्रेस ने दिलवाई। उसके पीछे वो गांधी नाम का बन्दा था। वो मूवमेंट तो वक़्त का एक बुलबुला था जो वक़्त के साथ ही फूट गया और साथ में ले गया उन ख़ूनी गोलियों और बम के धमाकों की आवाज़...

दत्त : ग़लत कह रहे हो मार्कंड...! धमाकों की आवाज़ तो सन् 1947 में अपने पूरे महाकाल रूप में उठी थी। और तब उसके साथ जुड़ गई थी उन करोड़ों बच्चों-बूढ़ों और औरतों की चीख़ें जो रो-रोकर चिल्ला पड़े थे कि हमें नहीं चाहिए पाकिस्तान...! हमें नहीं चाहिए हिन्दुस्तान...! हमें एक मुल्क़ चाहिए जिसकी ज़मीन पर हम आज़ादी की खुली साँस ले सकें। आज 18 साल के बाद भी उस ज्वालामुखी का लावा इन दो मुल्क़ों के सीने में धधक रहा है। किसको ज़िम्मेदार ठहराते हो इसका?

स्पॉट

सुखदेव : *(कड़वी हँसी के साथ)* पॉलिटिकल किलर्स।

स्पॉट

विद्यावती जी : इसका मतलब क्या होता है?

किशन सिंह : पॉलिटिकल किलर्स...मतलब राजनीतिक ख़ूनी! जो राजनीति बने रहने के लिए किसी का भी ख़ून कर दें।

विद्यावती : *(खोई-सी)* लेकिन ये कौन-सी राजनीति में बने रहना चाहते हैं?

किशन सिंह : *(कड़वे स्वर में)* वो महात्मा हैं। उनके मुँह से शब्द नहीं...अमृत फूटता है। उनकी बात को कोई झूठ नहीं कहता।

स्पॉट

भगवती भाई : *(थके स्वर में)* हाँ-हाँ, झूठ नहीं कह रहा। पंडित जी को ख़बर कर दो कि कल शिव वर्मा, जयदेव कपूर, सुरेन्द्र पांडे, विजय, महावीर सिंह और कुन्दन लाल सहारनपुर में पकड़े गए। मैं ये जगह आज ही छोड़ रहा हूँ। अपना ख़याल रखना...क्योंकि कल भगत और दत्त का फ़ैसला है...

[विद्यावती जी की नेपथ्य से आवाज़ : (रोते हुए) अजी सुनते हो...! अपने भगत को...]

स्पॉट

किशन सिंह : (थके स्वर में) वाहे गुरुजी को यही मंज़ूर था। उम्र क़ैद! अरे, मैं तो कहता हूँ फिर भी सस्ते में छूट गया। इस हरामज़ादी सरकार से तो इतनी भी उम्मीद नहीं थी। अरे, सुन रही है कि नहीं? अरे, कम से कम ये अहसास तो रहेगा कि जहाँ भी है...ज़िन्दा है...!

विद्यावती जी : *(एक तरफ देखते हुए)* जैसे अजीत के ज़िन्दा रहने का है...!

किशन सिंह : अरे, हाँ-हाँ...! और क्या...! देख लेना...चाचा-भतीजा दोनों इकट्ठे वापस आएँगे किसी दिन और फिर जो ज़ोरों से बैसाखी मनेगी इस घर में कि पूरा लाहौर गूँज पड़ेगा...। *(एक नया एरिया फेड-इन होता है?)*

[भगत सुखदेव के सामने? यतीन्द्र अकेले एक स्पॉट में।]

भगत : *(गम्भीर स्वर में)* मेरा नाम भगतसिंह है।

सुखदेव : *(गम्भीर स्वर में)* मेरा नाम सुखदेव है।

यतीन्द्र : मेरा नाम यतीन्द्रनाथ दास है। आगरा की फ़ैक्ट्री में था। मसाला घोल रहा था कि पीछे से आवाज़ आई 'हैंड्स-

अप'। एकबारगी तो मन हुआ कि एक तैयार किया हुआ बम पीछे की तरफ उछाल कर 'हैंड्स-अप' कर दूँ...! फिर सोचा...तुम लफंगों से दोबारा मिलने का मौक़ा कहाँ मिलेगा...! अरे, तुम सब को बम बनाना सिखाया है, बेटा! हम बाप हैं तुम्हारे।

भगत : *(एक कड़वी हँसी हँसकर)* हम बाप हैं दुनिया के! वी आर आइडियलिस्ट...! ग्रेट...! टू ग्रेट...! वी आर सुपर ह्यूमंस। वी आर बीयॉण्ड ह्यूमन बीइंग्स (स्वर तेज़ हो रहा है) हमें अपनी शालीनता बनाए रखनी पड़ेगी। हमें ख़ुदा बन के दिख़ाना पड़ेगा। ज़माना तभी मानेगा कि क्या लोग थे भई...! क्रान्ति के रास्ते में अपनी भावनाओं को पैरों से कुचल कर आगे बढ़ गए...! *(झटके से मुड़ता है)* याद है?

सुखदेव : *(एक पल बाद)* याद है...!

यतीन्द्र : *(ठहाका मारते हुए)* अरे, याद कैसे नहीं होगा। बाज़ार में एक कैलेंडर मिल रहा था जिस पर एक ख़ूबसूरत लड़की की तस्वीर थी। राजगुरु बाबू उसे ख़रीद लाए और पार्टी ऑफ़िस में लगा दिया। पंडित जी आए और देखते ही बौखला उठे। कैलेंडर उठाया और उसके टुकड़े-टुकड़े। राजगुरु बाबू आए और भिनक गए—'मेरा कैलेंडर किसने फाड़ा...?' पंडित जी बोले—'मैंने फाड़ा।' वो बोले—'क्यों फाड़ा।' पंडित जी बोले—'या इसमें उलझ जा...या क्रान्ति कर ले...।' राजगुरु ने एकदम केंचुली बदली—'अच्छा, आप हर ख़ूबसूरत चीज़ को फाड़ देंगे?' पंडित जी बोले—'हाँ! फाड़ दूँगा...।' राजगुरु बोलते हैं—'अच्छा आप ताजमहल को भी फाड़ देंगे...?' पंडित जी बोले—'हाँ, फाड़ दूँगा।' राजगुरु बोलते हैं—'अरे पंडित जी! ख़ूबसूरत दुनिया का सपना बसाने चले हो... ख़ूबसूरती से इतनी नफ़रत पाल कर...?'

भगत : वो वाक़ई एक ख़ूबसूरत सवाल था। तुझे याद है वो इटालवी क्रान्ति जब मेत्ज़िनी अपने पहले विद्रोह की हार से बुरी तरह टूट चुका था... ? जब वो अपने खोए हुए साथियों को याद करके बार-बार रो पड़ता था? उसकी प्रेमिका के सिर्फ़ एक ख़त ने उसे इतना मज़बूत बना दिया कि आगे चलकर उसने इतिहास को दिशा-निर्देशन शुरू कर दिया...। हाँ, मैंने उस लड़की के बारे में पूछा था क्योंकि वो मुझे याद आती है। और किसी को याद करना मेरा हक़ है। किसी को यादों में बसाना मेरा हक़ है। वो तो हम ग़ुलाम मुल्क़ के नौजवान हैं। सुखदेव और इश्क़ जैसी पाक-साफ चीज़ के लिए आबोहवा ठीक नहीं है, वर्ना अगले जन्म में मैं यक़ीनन अपनी प्रेमिका को आगोश में लेकर उसके कन्धे से सिर टिकाना चाहूँगा...! (लड़की एक स्पॉट में फेड-इन होती है।)

[लोक-गायक की एंट्री। कोरस।]

वतन की आबरू का पास देखें कौन करता है
सुना है आज मक़तल में हमारा इम्तिहां होगा
इलाही वो भी दिन होगा जब अपना राज देखेंगे
जब अपनी ही ज़मीं होगी और अपना आसमाँ होगा
इलाही आज गोरी की तबियत फीकी-फीकी है
इलाही आज उसकी भी ज़रूरत तीखी-तीखी है
इलाही बिस्तरों की सलवटों का हाल रूठा है
इलाही घुँघरुओं की धड़कनों का ताल टूटा है
इलाही आएगा वो दिन जो गोरी बीच में होगी
और उसको घेर कर चलता थिरकता कारवाँ होगा...
वतन की आबरू का...

[विद्यावती जी स्पॉट में एंट्री करती हैं।]

विद्यावती जी : वो ठीक है। *(लड़की चुप खड़ी है)* सज़ा मिली है...लेकिन वाहे-गुरु की कृपा से वो नहीं, जिसका डर था। *(वो चुप खड़ी है।)* यहाँ आ चुका है। लाहौर में! अभी ख़त आया था उसका...। जेल से! सुखदेव ने उसमें तेरे लिये सतश्री अकाल लिख रखा है...। शैतान...*(हँसती है।)* ये भी लिख रखा है कि चिन्ता ना करना। भगत यहाँ ख़ूब रसगुल्ले खाता है। भुट्टे मैं खिलाता रहता हूँ। लाल हो गया है खा-खा के। *(फिर हँसती है। वो अब भी चुप खड़ी है।)* और साथ में लिखा है कि जिस दिन जेल से छूट कर आए, उस दिन तेरे साथ महंत जी के पास झाड़ा लगवाने चलेंगे। *(हँसती है)* ये झाड़े का क्या चक्कर है...? *(वो अब भी चुप रहती हैं। वो अब थोड़ा असहज पाती हैं अपने आप को।)* मैं ये ही कहने आई थी...कि ठीक रहा कर...। अच्छा खाया-पिया कर। अच्छा पहना-ओढ़ा कर...। अरे, ज़रा-सी ज़िन्दगी है...। कल किसने देखा है...। आज की तो सोचनी पड़ेगी ना...। *(वो अब भी चुप खड़ी है।)* अब चलूँगी। यहाँ कुछ और दोस्त बन गए हैं इनके। उनके लिए मक्की की रोटी और सरसों का साग मँगवाया है। *(आवाज़ डबडबाती है।)* कैसे बावले लड़के हैं...! *(मुड़ती हैं।)*

लड़की : बेबे जी! *(वो रुकती हैं)* कम पढ़ी-लिखी हूँ! दुनिया भी ज़्यादा नहीं देखी! जो जानती हूँ...वो बस इतना कि कोई पकड़ा गया। उसको सज़ा हो गई। उसका दोष क्या था...नहीं जानती...। उसने किया क्या था...नहीं जानती। ना ही जानना चाहती हूँ। लेकिन इतना जानती हूँ कि उसको सज़ा नहीं होनी चाहिए थी...। क्यों? क्योंकि मेरा दिल कहता है! मेरा दिल ये भी कहता है...कि कोई आए...! लेकिन अगर कोई नहीं आता...तो उसमें भी उसका दोष नहीं मानती। क्यों...! क्योंकि

मेरा दिल कहता है। लेकिन हार नहीं मानूँगी। अगर ना आना किसी का धर्म है, तो उसके आने की बाट जोहना मेरा धर्म। मैं उसके धर्म को चोट नहीं पहुँचाऊँगी...वो मेरे धर्म को चोट नहीं पहुँचाए! बाकी आप तकलीफ़ मत किया कीजिए। अच्छा खाना और अच्छा पहनना अब मेरा धर्म बन चुका है। क्योंकि फीका रंग पहन कर कोई किसी का इन्तज़ार नहीं कर सकता...

[लोकगायक का प्रवेश। अकेला गाता है।]

...रंग इश्क़ के कितने होते हैं...ये ना जाने पीर फ़कीर...
...ये तो जाने राँझा है कि हाँ, या कि जाने उसकी हीर...
...राँझे ने मेरे...वादा किया होऽऽऽ
मदहोश गुलाबी में ज़रा...थोड़ा डाल बसन्ती नीर...
फिर पहन के उसको गोरिये...थोड़ा बैठ नदी के तीर
बदली को ज़रा...धूप की बाती देगी चीर
तेरे काँधे का...तसव्वुर ले के आऊँगा...
मेरे इश्क़ की ये तासीर...गोरिए
मेरे इश्क़ की ये तासीर...
(फेड-आउट)

[और एकदम एक स्पॉट]

ख़ान बहादुर अब्दुल अज़ीज़ : *(हाथ में हंटर...चीख़ता है)* किस चीज़ का इन्तज़ार कर रहे हो स्सालो...कि ऊपर से कोई पैगम्बर आएगा और तुम्हें छुड़ा के ले जाएगा... ? ये लाहौर सेंट्रल जेल है...। दिल्ली-कानपुर नहीं...। (एक और स्पॉट—यतीन्द्र को जकड़े पाँच पठान...!) जोत दो स्साले को...! जोत दो स्साले को। साले अंग्रेज़ अफ़सर को गोली मारोगे... ? हुकूमत से टक्कर लोगे? घुसेड़ दो पूरा का पूरा खाना इसकी नाक के छेद से अन्दर...। मैं

देखता हूँ ये भूख-हड़ताल कब तक चलती है...। नाम जानते हो मेरा... ?

स्पॉट

भगवती भाई : *(चिल्लाते हैं)* उसका नाम ख़ान बहादुर अब्दुल अज़ीज़ है पंडित जी...। वो हैवानियत पे उतर आया है। उसने पच्चीस पठान मँगवा लिये हैं जो इनके सीने पर चढ़-चढ़ के इनकी नाक से खाना ठूँसते हैं। आज इनकी भूख-हड़ताल का ये पचासवाँ दिन था।

स्पॉट

भगत : *(चिंघाड़ता हुआ)* ये हड़ताल रुकेगी नहीं। ये जंग रुकेगी नहीं। हमारी लड़ाई तो अब शुरू होती है। वी वांट द फ़ैसिलिटीज़ ईक्विवेलैंट टु द यूरोपियन प्रिज़नर्स। ये हमारा हक़ है...। इन्क़लाब-ज़िन्दाबाद...!

स्पॉट

सुखदेव : *(चिल्लाता है)* भगत...! शिव ने मक्खियाँ मार कर खा ली हैं। उसका सारा खाना बाहर आ गया है। अजय ने मिर्चों वाला पानी पी लिया है। ये लोग उसके गले में नली नहीं घुसेड़ पा रहे। और यतीन्द्र को...*(चिल्लाता है)* यतीन्द्र के फेफड़ों में एक सेर दूध भर गया है, भगत! उसका बदन अकड़ रहा है।

स्पॉट

जयदेव : *(चिल्लाकर)* उसने दवा ख़ाने से इनकार कर दिया है, भगत! उसकी ज़ुबान ऐंठ रही है।

स्पॉट

शिव वर्मा : *(चिल्लाकर)* उसकी नाड़ी जा रही है, भगत। वो अपनी आँखें तक नहीं खोल पा रहा।

स्पॉट

भगवती भाई : उसके ख़ून का दौरा उसके दिल के आसपास सिमट आया है, पंडित जी! क्या कोई कुछ नहीं कर सकता... ?

स्पॉट

भगत : *(गर्जता हुआ)* और मत सोच लेना कि इस एक यतीन्द्रनाथ के जाने से हिन्दुस्तान का ये उमड़ता हुआ संग्राम रुक जाएगा। ये दौर चलता रहेगा...चलता रहेगा...जब तक कि हम हासिल नहीं कर लेते...कम्प्लीट इंडिपेंडेंस।

स्पॉट

[दत्त और मार्कंड]

दत्त : और तब मोतीलाल नेहरू ने कहा था कि सरेआम ब्रिटिश हुक़ूमत के इस ज़ुल्म को लानत भेजता हूँ। यतीन्द्रनाथ दास को रिहा किया जाए। जवाहरलाल नेहरू ने कहा था—'सर झुकाता हूँ शर्मिंदगी से इस हैवानियत के सामने। यतीन्द्रनाथ दास को कैसे भी बचाया जाए और गणेश शंकर विद्यार्थी बोले—'आई स्पिट ऑन द करेज ऑफ़ ब्रिटिश एम्पायर डू डोंट इवन नो हाऊ टू किल।'

भगत : *(चिंघाड़कर)* डोंट यू फारगेट दैट द सौईल ऑफ़ दिस नेशन हैज़ हैड इनफ फ्रॉम यू, द ब्रिटिशर्स! नाऊ इट नीड्स समथिंग फ्रॉम अस एंड वी आर आऊट एंड आउट प्रिपेयर्ड टु गिव द प्रेशियस मोस्ट थिंग वी हैव! दैट इज़। *(भगत और सुखदेव चिल्लाते हैं...)*...अवर लाईब्ज... !

स्पॉट

किशन सिंह : *(डबडबाए स्वर में)* हाँ! कल यतीन्द्र नहीं रहा! भगत के साथियों में से ये पहली मौत थी।

स्पॉट

आज़ाद : *(डबडबाए स्वर में)* मुझे कभी-कभी लगता है कि क्या मैंने तुम लोगों को सिर्फ़ इसलिए तैयार किया है, भगवती...कि एक दिन किसी एक्शन में भेज कर हमेशा हमेशा के लिए खो दूँ... ?

स्पॉट

भगत : *(गम्भीर स्वर में)* इसे खोना नहीं कहते, पंडित जी! इसे तो पूरी तरह से पा लेना कहते हैं! ये भूख-हड़ताल अब भी नहीं रुकेगी।

[लोकगायक की एंट्री और गाना]

कौन हैं हम और हैं आए कहाँ से, क्या है हमारा ठिकाना
हँस देते हैं हम जो पूछे है हम में बातें यही ये जमाना
गाते हैं हम और चिल्लाते हैं हम क्यों, बेकार है ये बताना...
हमारे लिये है, लहू गर्म रखने का, छोटा सा ये इक बहाना...
मगर याद रखना, लहू की हमारी, जो गर्मी रहेगी यहाँ पर...
तुम्हें अपने ख़ूँ की, हरेक बूँद में है, उसी से उबाला लगाना...
आए हैं हम तो, चले जाएँगे भी, रह जाएगा ये तराना...
कसम है तुम्हें कि हाँ बाद हमारे, तुम भी इन्हें गुनगुनाना...

[...और एकदम से नगाड़े बजने शुरू होते हैं। और स्टेज़ पर भंगड़ा शुरू हो जाता है। नगाड़े बज रहे हैं और स्पॉट रोशन होता है।]

किशन सिंह : *(नाचते हुए)* अरे, मेरे बच्चे की पहली जीत हुई! सरकार को झुकना पड़ा। उनकी माँगें मान ली गईं *(...और विद्यावती जी को उठा कर नाचने लगते हैं।)*

विद्यावती जी : अरे-अरे, क्या करते हो...क्या करते हो...

किशन सिंह : *(बावलों से नाचते हुए)* अरे, मैं पूरे लायलपुर में लंगर करवा दूँगा। अरे, मैं पूरे लाहौर को लस्सी पिलवा दूँगा। अरे, मस्त नाच दे भंगड़ा जट्टा आई बैसाखी...। *(और एक बार फिर से नाच शुरू हो गया है और दत्त अपने स्पॉट में खड़े होकर हँसे जा रहे हैं...)*

दत्त : *(हँसते हुए)* मुझे आज तक याद है वो हड़ताल कैसे तोड़ी गई थी...?

सुखदेव : हे भारत के नर-नारियो...*(आवाज़ें लगती हैं...''अबे नारियाँ नहीं हैं बे...'')*

सुखदेव : *(शालीनता से)* मैं अपना एक शब्द वापस लेता हूँ। हे भारत के नर-बन्धुओ! मैं इस 114 दिन पुरानी हड़ताल का अन्त चियर्स के देसी संस्करण से करता हूँ..! तो फिर...चरमरा दे...! *(चिल्लाता है।) (सारे उसके साथ चिल्लाते हैं...।)*...चरमरा दे...।

मार्कंड : *(थके स्वर में)* वाक़ई चरमरा तो दिया था उन्होंने पूरी हुक़ूमत को! वाक़ई...*(आगे कुछ बोल नहीं पाता।)*

दत्त : और उसके बाद जापान, कनाडा, पोलैंड और दक्षिण अमेरिका से सैकड़ों चिट्ठियाँ आने लगी थीं समर्थन के तौर पर! लोग सड़कों पर निकल आए थे...! जगह-जगह हड़तालें फूट पड़ी थीं...! किसान और मज़दूर वर्ग रेले के रेले बनाकर उमड़ पड़ा था। अख़बार हुक़ूमत के ख़िलाफ़ आग उगलने लगे थे। और शिव वर्मा ने बहुत ही भावुक होकर उससे कहा था...।

स्पॉट

शिव वर्मा : यार, आजकल तुम्हें नाम से बुलाने को दिल नहीं चाहता।

भगत : तो क्या कह के बुलाएगा... ?

शिव वर्मा : सरदार...

दत्त : *(अपने स्पॉट में)* और सरदार भगतसिंह सन्धू का पूर्ण स्वराज्य का नारा मुल्क़ के कोने-कोने में गूँज उठा था। वो महात्मा गांधी को एक साल पहले कलकत्ता के कांग्रेस अधिवेशन में पूर्ण स्वराज्य की माँग को सख़्ती से कुचल चुके थे, उन्हें तक इस घटना के दो महीने बाद लाहौर अधिवेशन में इस माँग को स्वीकार करना पड़ा था, क्योंकि करे बग़ैर कोई चारा नहीं था।

शिव वर्मा : सरदार! तुमको मालूम है, इतिहास में इसका श्रेय हमेशा कांग्रेस को दिया जाएगा... ?

भगत : *(हँस कर)* कल जब मैंने जमादार के आठ साल के बच्चे को ये नारा लगाते देखा, तो मेरा श्रेय मुझे मिल गया...।

शिव : एक बात पूछूँ सरदार... ? तुम कभी इन महात्मा गांधी से मिले हो ?

स्पॉट

विद्यावती जी : *(खोये हुए स्वर में)* हाँ, इकलौती याद है। तब भगत आठ साल का था। गांधी लाहौर आए थे। उसके स्कूल में। तमाम भीड़ उनके साथ थी। चारों तरफ तहलका मचा हुआ था। बच्चे तो मचल-मचल कर उन्हें देखने की कोशिश कर रहे थे। जैसे ही वो भगत के सामने से गुज़रे, तो भगत बोल पड़ा...सतश्री अकाल। वो एकदम रुके, उसकी तरफ देखा...फिर धीरे से हँसे, उसके सर पर हाथ रखा और बोले...

भगत : सतश्री अकाल के साथ-साथ वन्दे मातरम भी बोला करो! हमारे देश को उसकी भी ज़रूरत है।

विद्यावती जी : मैं तब उसके पास ही खड़ी थी। भगत अपनी सपनीली आँखों से उनकी तरफ ताक़ता ही रह गया था...

स्पॉट

भगत : *(खोए हुए स्वर में)* मालूम नहीं शिव! महाभारत में कृष्ण और कर्ण का सम्बन्ध पढ़ा था। वो कर्ण जो कृष्ण का अटूट भक्त था...लेकिन लड़ा उनके ख़िलाफ़ था। ख़त्म भी पहले वही हुआ था। क्योंकि कुछ बावले उसूल बना लिए थे उसने ज़िन्दगी में। ये अलग बात है कि कृष्ण भी सुखी नहीं रह पाए उसके बाद...! मैं उनका भक्त तो नहीं हूँ...लेकिन उनकी कद्र ज़रूर करता हूँ...और इसीलिए उनकी मुख़ालिफत करने का हक़ भी लेता हूँ। *(रुकता है)* मुझे मालूम नहीं शिव...कि मैं नास्तिक क्यों हूँ! मुझे ये भी नहीं मालूम कि नास्तिक होने के बावजूद मैं अपनी जेब में श्रीमद्‌भगवतगीता का गुटका और विवेकानन्द की जीवनी क्यों ले के घूमता हूँ। लेकिन एक बात तय है...कि हम हिन्दुस्तान को महाभारत के बाद का वाला आज़ाद भारत तो नहीं देना चाहेंगे। जहाँ भूख पनपे, जहाँ ग़रीबी फैले, जहाँ महामारी उमड़े, जहाँ भेड़ियों का राज हो...जहाँ कबूतरों का सहमापन हो। हम देना चाहते हैं...वो देश...जहाँ तरंगें हों...जहाँ उमँगें हों...जहाँ मुस्कानें हों... जहाँ ख़ूबसूरती हो...और जहाँ भाईचारे का साम्राज्य रहे! हमारा इन्क़लाब कोई ख़ून-आलूदा नहीं है। उसे तो फूलों की पंखुड़ी से पोस-पोस के पैदा किया गया है। हमारा इन्क़लाब आएगा...! ये अलहदा बात है कि हम उसे अपनी ज़िन्दा आँखों से देख पाते हैं...या नहीं...!

[लोकगायक की एंट्री और गाना]

इलाही ये तो सिर ये कर्ज़ है देना ही देना है
इलाही ये तो अटकी नाव है खेना ही खेना है
इलाही ये तो अटकी फाँस है जो दर्द देती है

इलाही खींच कर इसको कभी तो फेंक देना है
इलाही आज ये है घोंसला नन्हे से चूज़ों का
कभी तो ये हरेक चूज़ा उबलता नौजवाँ होगा
वतन की आबरू का पास देखें कौन करता है
सुना है आज मक़तल में हमारा इम्तिहाँ होगा
इलाही वो भी दिन होगा जब अपना राज देखेंगे
जब अपनी ही ज़मीं होगी और अपना आसमाँ होगा

[गाना फेड-आउट हो रहा है और उसके साथ ही एक नया स्पॉट फेड-इन हो रहा है। उसमें राजगुरु नज़र आ रहे हैं। बाकी सबकी आवाज़ें अँधेरे से आ रही हैं।]

भगत : *(गम्भीर आवाज़ में)* नाम?

राजगुरु : शिवराम हरि राजगुरु!

भगत : चार्ज...?

राजगुरु : सांडर्स मर्डर केस!

सुखदेव : कब पकड़े गए?

राजगुरु : 10 जनवरी, 1930 को!

भगत : कहाँ पकड़े गए?

राजगुरु : *(रोनी आवाज़ में)* पूना में...!

शिव वर्मा : कैसे पकड़े गए?

राजगुरु : *(वैसे ही)* मालूम नहीं! जब पकड़ लिया गया तब मालूम पड़ा कि पकड़ लिया गया हूँ।

जयदेव : किसी ने मुखबिरी की थी?

राजगुरु : *(सर हाँ में हिला कर)* हाँ!

भगत : किसने?

राजगुरु : मैंने!

भगत : अपनी मुखबिरी... ख़ुद ही? कैसे?

राजगुरु : वहाँ एक आदमी को बता दिया कि सांडर्स को मैंने मारा है।

[एरिया फेड-इन होता है। जेल]

सुखदेव : *(सर हिलाते हुए)* एक आदमी को नहीं बेटा। आधे पूना शहर को बता दिया। और तो और वो पिस्तौल भी दिखा दिया... ! बोलो... ! ग़लत है... ?

राजगुरु : बिलकुल ग़लत है...झूठ है... ग़लत है...।

सुखदेव : हम जेल में हैं तो क्या बाहर की ख़बर नहीं रखते? पंडित जी ने समझा के भेजा था ना कि अपनी कैंची जैसी ज़ुबान पर काबू रखना... ?

राजगुरु : वहाँ मच्छर बहुत थे। ठीक से सो नहीं पाया। चलते-फिरते ऊँघ लगी रहती थी। उसी में कभी मुँह से निकल गया होगा। *(फिर एकदम से तेवर बदलते हुए)* अरे, ब्हौट यार... ! आई हेयर एंड दिस बेलकम... ?

सुखदेव : *(हँसते हुए)* अरे, जियो तुम्हारी अंग्रेज़ी...।

[और एकदम ठहाका लगता है। दृश्य बदल रहा है। अब वास्तविक कोर्ट फेड-इन हो रहा है। म्यूज़िक! तीनों जज धीरे-धीरे अपनी-अपनी कुर्सियों पर आकर बैठने लगे हैं! सारे अभियुक्त एक झुंड में हैं! भगत सबसे आगे है।]

जज जे. कोल्डस्ट्रीम : आर्डर, आर्डर। दिस इज 5 मई, 1930! लाहौर कांस्पिरेसी केस की कार्यवाही शुरू होती है।

सुखदेव : बहुत जल्दी शुरू नहीं हो गई? अभी तो पकड़े हुए एक ही साल हुआ है।

[एक ठहाका पड़ता है।]

जज जे. कोल्डस्ट्रीम : आर्डर, आर्डर, मि. सिंह एंड द ग्रुप। आप लोगों पर सुपरिंटेंडेंट सांडर्स को नाज़ायज़ हथियार से कत्ल करने का इलज़ाम लगता है। हाउ डू यू प्ली... ? गिल्टी और नॉट गिल्टी... ?

राजगुरु : *(भोले स्वर में)* जी, अगर जायज हथियार से मार देते तो इलज़ाम नहीं लगता... ?

[फिर एक ठहाका पड़ता है।]

जज कोल्डस्ट्रीम : *(हथौड़ा पटक कर)* आर्डर आर्डर! बिहेव प्रॉपर्ली! दिस इज़ कोर्ट।

शिव वर्मा : अच्छा हुआ बतला दिया! हम तो तबेला समझे हुए थे। (फिर एक ठहाका।)

सरकारी वकील कॉर्डन नोड : जैसा कि सबूत बतलाते हैं, असेम्बली बम केस में भी आपकी जेब से इंग्लिश पिस्टल बरामद हुई थी।

भगत : *(मुस्करा कर)* अब ब्रिटिश साम्राज्य के पास हथियारों की कमी नहीं है। हमें हैरानी ना होती अगर उस दिन हमारी जेब से इंग्लिश टैंक बरामद हो गया होता...।

[फिर एक ठहाका। एकदम लोकगायक की एंट्री और गाना शुरू]

...आज तो जो भी सूझे लाद पीठ पर लेते आओ
टैंक कर जत्था लाओ, तोप की गड्डी लाओ
एक मोटर में भरके, बमों की खड्डी लाओ
आज तो देखें क्या-क्या अरमाँ ले के तुम भी चलते
दिलों में कितना आज...मेहरबाँ ले के तुम भी चलते
देख लो लेकिन हो जाये ना ये सब सामाँ भारी
दोष ना हमको देना आज पड़ी है गरज तुम्हारी
आज तो जो भी सूझे...

[धड़ाक से गाना रुकता है। गायक एक्ज़िट]

जज कोल्डस्ट्रीम : मिस्टर सिंह, आप लोगों ने अपना वायदा तोड़ा है। आप लोगों ने फिर से भूख-हड़ताल शुरू कर दी है।

भगत : आप लोगों ने अपना वायदा तोड़ा है। आपने हमारी माँगों को मान लिया था। आपने उन्हें अमल करने से इनकार कर दिया है।

जज कोल्डस्ट्रीम : आप लोगों को इस बात का अहसास होना चाहिए कि आप लोग सिर्फ़ रिक्वेस्ट करने की हालत में हैं।

भगत : *(एक ठहाका मारते हुए)* और आप लोगों से ज़्यादा ये एहसास किसी को नहीं है कि हम आज वॉर्निंग देने की हालत में हैं।

सरकारी वकील कॉर्डन नोड : आप लोगों की डिमांड्स पर ग़ौर किया गया। आपकी ख़ाने को लेकर की गई कम्प्लेंट बेबुनियाद पाई गई। इस समय हमारी जेलों के ख़ाने का स्टैंडर्ड एवरेज़ से बेहतर है।

भगत : सब्ज़ी में कॉकरोच और रोटी में मिट्टी को अगर ब्रिटिश सरकार बेहतर कहती है, तो वी रियली डाउट द ब्रिटिश टेस्ट ऑफ़ फूड! लंदन में इसे पोटेटोज़ विद कॉकरोच और चपाती विद फिल्थ के नाम से सर्व किया जाता होगा, हिन्दुस्तान में इसे घटिया खाना कहते हैं।

सरकारी वकील कॉर्डन नोड : आपकी दूसरी माँग है कि आप लोग पॉलिटिकल प्रिज़नर्स हैं, इसलिए आपसे स्तर से नीचे का काम ना कराया जाए। काम काम होता है मि. सिंह, उसमें स्टैंडर्ड की कोई गुंजाइश नहीं होती।

सुखदेव : तो फिर कभी बग्धी में हमें बिठाइए। ख़ुद घोड़ों की लगामें थामिए और अपनी मेम साहिबा को अपने साथ बिठा कर उनसे कहिए कि अपनी पतली महीन आवाज़ में चिल्लाएँ...हटो हटो... ! मि. सिंह की सवारी आ रही है। काम के स्टैंडर्ड का फ़र्क़ मालूम पड़ जाएगा।

सरकारी वकील कॉर्डन नोड : आपकी तीसरी माँग है कि आपको किताबें और लिखने का सामान बेरोकटोक भेजने की सुविधा दी जाए। साथ

ही हर प्रिज़नर को कम से कम एक न्यूज़पेपर सरकारी ख़र्च पर मुहैया कराया जाए। नहाने की अच्छी सुविधा हो और पहनने को साफ कपड़े। आपको क्या लगता है कि आप किसी हिल स्टेशन पर बैठे हैं और केजुअल लीव पर हैं?

राजगुरु : सर जी, आप लोग अपना घर-बार छोड़कर हमारे मुल्क़ में इस तरह चुपचाप घुस आए हैं जैसे कोई ऑनरेबल लेडी अपना नाज़ायज बच्चा पैदा करने के लिए सोसाइटी से भाग के आ जाती है। आपको क्या लगता है जी कि हमारा मुल्क़ कोई नर्सिंग होम है और आप लोग मेटरनिटी लीव पर हैं... ?

[एक ठहाका आता है। लोकगायक एंट्री। गाना शुरू।]

आज तो मचा बवंडर ये कैसा सरकार नाच दी
आज तो हुआ ग़ज़ब है वो तो ज़ारो-जार नाच दी
यार के पढ़ के दिल का हाल सरे-बाज़ार नाच दी
यार ने हँस के बोला नाचो वो सौ बार नाच दी

[झटके से म्यूज़िक ख़त्म! कोर्ट शुरू... !]

फनीन्द्रनाथ घोष : मेरा नाम फनीन्द्रनाथ घोष है और मैं इनके साथ फिरोज़शाह कोटला की मीटिंग से बम फ़ैक्ट्री तक था!

सरकारी वकील कॉर्डन नोड : इन लोगों ने नाज़ायज बमों की फ़ैक्ट्री लगाई?

घोष : यस।

सरकारी वकील कॉर्डन नोड : आपने उसमें सहयोग दिया?

घोष : यस।

सरकारी वकील कॉर्डन नोड : योर विटनेस *(भगत से)*

भगत : शिव...

शिव : फ़ैक्ट्रीज़ हमने लगाई थीं?

घोष : हाँ।

शिव : किस-किस ने?

घोष : करीब-करीब सारे...?

शिव : मगर उसके लिए तो बहुत पैसों की ज़रूरत पड़ती है।

घोष : *(वक्रता से मुस्कराता है)* इतने पैसों की भी ज़रूरत नहीं पड़ती। कम में भी काम चल जाता है...। *(जज मुस्कराते हैं।)*

शिव : क्यों! अगर आप मेरठ से गन-कॉटन ख़रीदें...

घोष : *(काटता है)* गन-कॉटन कलकत्ता में मिलता है, मिस्टर।

शिव : सिर्फ़ सर्दियों में! वर्ना आप उसे घर में भी बना सकते हैं।

घोष : *(लापरवाही से)* राइट...! और हमने बनाया...

शिव : बिना पोटेशियम नाइट्रेट के? बिना सल्फेट के?

घोष : हम वो भी लाए...।

शिव : और बमों के खोल...?

घोष : मिल जाते हैं आसानी से बाज़ारों में...। बस सबूत नहीं छूटना चाहिए। *(जज की तरफ देख कर मुस्कराता है। वो भी मुस्कराते हैं।)*

शिव : प्लास्टिक के खोल से आप बम कैसे बना सकते हैं, मि. घोष।

घोष : बम में हमेशा मेटल का खोल लगता है, मिस्टर।

शिव : *(हँसता है)* पटाखे और बम में फ़र्क़ होता है मि. कोल्डस्ट्रीम। आज यतीन्द्र दा ज़िन्दा नहीं हैं। अगर वो होते तो बतलाते कि इस आदमी को पटाखा तक बनाना नहीं आता...।

घोष : *(बिफर कर)* क्या बोला? पटाखा? अरे! पोटेशियम नाइट्रेट, साल पीटर 70 परसेंट, सल्फर 15 परसेंट, चारकोल 10% कार्बन के प्रोडक्शन के लिए...। और उसके बाद घर में काम आने वाला सीसा...किरचें! उनको एक मेटल के खोल के अन्दर भर के...*(और*

एकदम भगवती भाई और आज़ाद का स्पॉट फेड-इन होता है। दोनों ने ठहाका मारा है।)

भगवती भाई : *(हँसते हुए)* वो बेवकूफ़ बम बनाने की सारी विधि बक गया पंडित जी...जर्नलिस्ट से भरी अदालत में। आज हिन्दुस्तान के हर अख़बार के फ्रंट पेज पर बम बनाने की विधि छपी है...तफ़्सील से...

आज़ाद : *(ठहाका मारते हुए)* अब तक तो साला कुटीर उद्योग लग चुका होगा...घर-घर में...

स्पॉट फेड-आउट

(अदालत में इन लोगों का ठहाका गूँजा है। अदालत फेड-इन)

[कोर्ट शुरू...]

जज कोल्डस्ट्रीम : यू विल हैव टु फोलो द रूल्स एंड रेगुलेशंस ऑफ़ द कोर्ट मि. सिंह। आप लोग यहाँ हथकड़ी में ही बैठेंगे। और कार्यवाही के शुरू में ये गाने के सैशन्स मैं हरगिज़ बर्दाश्त नहीं करूँगा।

भगत : जहाँ तक हथकड़ी का सवाल है मि. कोल्डस्ट्रीम, तो हाथ हमारे हैं चाह हमारी है। और टेरेरिस्ट्स और पॉलिटिकल प्रिज़नर्स के बीच में फ़र्क़ समझने की ज़िम्मेदारी आपकी है। जहाँ तक गानों का सवाल है तो दिस इज़ इंडियन म्यूज़िक। ये यहाँ तब बजता है, जब धान कटता है, जब होली मनती है, जब चौका लीपा जाता है। कभी अपने गोरे-गोरे हाथों से चौका लीप कर देखिए। आप भी इसे गाने के लिए बेचैन हो जाएँगे।

जज कोल्डस्ट्रीम : *(एक कड़वी हँसी हँस कर)* आप अपने आपको काला क्यों कहते हैं, मि. सिंह... । आप लोग तो भूरे हैं... ।

राजगुरु : *(उछल कर)* आप अपने आपको गोरा क्यों कहते हैं, कोल्डस्ट्रीम जी। आप लोग तो गुलाबी हैं।

जज जेसी हिल्टन : *(ऊँची आवाज़ में)* इससे काम नहीं चलेगा, मि. सिंह। आप लोग अदालत में आने से इनकार नहीं कर सकते।

भगत : ब्रिटिश हुक़ूमत के फ़ैसले तो अब इतिहास का हिस्सा बन चुके हैं, मि. कोल्डस्ट्रीम। ना तो हमें इनको सुनने की ख़्वाहिश बची है, ना ही इनका इन्तज़ार करने का सब्र...।

जज जेसी हिल्टन : आपको मालूम है कि ये मुकदमा आप लोगों की ग़ैर मौजूदगी में भी चलाया जा सकता है?

भगत : *(ठहाका मारता है)* आर्डिनेंस ऑफ़ दि स्पेशल ट्रिब्यूनल। वाइसराय इरविन के इस नए शगूफे का हमको पता है! जुडिशियरी के इतिहास में ये शायद पहला मुकदमा होगा जो स्पेशल ऑर्डर से क़ैदियों की ग़ैर मौज़ूदगी में चलाया जाएगा।

जज कोल्डस्ट्रीम : रिस्पेक्टेड वाइसराय के बारे में तहज़ीब से बात कीजिए। इस कंट्री के सबसे बड़े लीडर मि. गांधी तक उनका नाम सम्मान से लेते हैं।

भगत : *(ऊँची आवाज़ में)* हमें पता है इस गांधी–इर्विन पैक्ट के बारे में। जिसमें ब्रिटिश हुक़ूमत ने श्री गांधी की शान्तिपूर्वक धरना देने की माँग को स्वीकार कर लिया है। साथ में इंडियन इंडस्ट्रीज़ की रक्षा के नाम पर ब्रिटिश गुड्स पर 15 परसेंट और नॉन ब्रिटिश गुड्स पर 20 परसेंट टैक्स घटाया गया है जो सिर्फ़ यहाँ के बुर्जुआ वर्ग के स्वार्थों की रक्षा करता है। ना किसानों पर से लगान कम हुआ है, ना ही नागरिकों पर से टैक्स। यहाँ तक कि नमक कर तक नहीं हटाया गया है।

सुखदेव : और साथ में सारे राजनीतिक बंदियों को छोड़ा गया है। शायद गांधी साहब को ये नहीं मालूम कि 1915 की गदर पार्टी के सैकड़ों बन्दी अपनी सज़ा पूरी होने के बावज़ूद जेलों में सड़ रहे हैं। मार्शल लॉ के सैकड़ों बन्दी आज भी ज़िन्दा कब्रों में गड़े हुए हैं। देवगड़,

काकोरी, महुआ बाज़ार और लाहौर कांसपिरेसी केस में से एक को भी नहीं छोड़ा गया है। बम्बई, कलकत्ता, चटगाँव, देवली में सालों से केस चल रहे हैं। क्रान्तिकारी औरतें अपने बच्चों और पति को छोड़कर भागी हुई हैं। ना मालूम कितने फाँसी की बाट जोह रहे हैं। इनके बारे में क्या कहता है ये गांधी-इर्विन पैक्ट... ?

धीमा फेड-आऊट

(धीमा फेड-इन। कानपुर 1994)

मार्कंड : *(थके स्वर में)* कुछ नहीं बोल पाया था वो गांधी-इर्विन पैक्ट! कुछ नहीं बोल पाए थे कांग्रेस के सारे सर्वेसर्वा और कुछ नहीं बोल पाए थे देश के सेल्फ़-स्टाइल्ड लीडर्स। उन्होंने अदालत आना ही बन्द कर दिया था। शायद सरकार चाहती ही ये थी।

बूढ़े शिव वर्मा : *(खोए हुए स्वर में)* और इस सदी का वो सबसे अनोखा मुकदमा चला जिसमें अभियुक्तों को तलब करने की ज़रूरत ही नहीं समझी गई। *(चुप होते हैं। नज़र उठाकर उसे देखते हैं)* मैं तुम्हारा नाम भूल गया... ?

मार्कंड : मैंने बताया ही नहीं था...।

शिव वर्मा : कानपुर सिर्फ़ मुझसे मिलने आए हो... ?

मार्कंड : जी हाँ! जैसे सिर्फ़ दत्त साहब से मिलने दिल्ली गया था।

शिव वर्मा : वो बात 1965 की थी। आज 1994 चल रहा है। आज किसी को उस वक़्त में क्या इंटरेस्ट जाग गया... ?

मार्कंड : *(थके स्वर में)* जब जागना चाहिए था...तो जागा नहीं...। आज जब जागा है तो उनमें से सिर्फ़ आप ही बचे हैं...। बहरहाल। मैं आपको ये ही बतलाने आया हूँ कि ये 1994 इस मुल्क़ को हमारे जैसों की देन है...उसकी नहीं...।

शिव वर्मा : क्या मतलब... ?

मार्कंड : मैं उन हज़ारों-लाखों लोगों को रिप्रेजेंट करने आया हूँ जो उस वक़्त उस इनसान की तूफ़ानी रफ़्तार से अपने

आपको बचा नहीं पाए थे...और जिन्होंने उसकी शक्ल देखकर दूसरा भगतसिंह बनने का इरादा ठान लिया था। लेकिन...

शिव : लेकिन... ?

मार्कंड : *(थके स्वर में)* लेकिन वो उसके साथ दौड़ नहीं पाए। उन्हें बीच में ही रुकना पड़ा। कुछ लोग थक गए...तो कुछ लोग फिसल गए। वो बीच में ग़ायब होकर भी अपनी मंज़िल तक पहुँच गया। हम 47 साल बाद भी आज रास्ते में ही भटक रहे हैं। मेरे पास मेरा ताम्रपत्र है...। मेरे स्वतंत्रता सेनानी होने का सर्टिफ़िकेट...! मैं आज मर्सिडीज़ में आया हूँ...अपने एयर कंडीशंड बंगले से निकल कर! मेरे सारे नाती-पोते पब्लिक स्कूल में पढ़ते हैं। मेरी पत्नी शहर की सबसे बड़ी सोशियल आर्गनाइज़ेशन की ऑनरेरी प्रेसीडेंट हैं!

शिव : मिल रही सुविधाओं को इस्तेमाल कर लेने में क्या हर्ज़ है... ?

मार्कंड : ये बात आप कभी उसमें बोल पाए ?

शिव : यहाँ चुनाव आता है। तुमने कुछ और चुना...उसने कुछ और...

मार्कंड : *(पागलों-सा चिल्लाता है)* क्यों, क्यों, क्यों... ! मैं वो क्यों नहीं चुन पाया जो वो चुन गया... !

स्पॉट

भगत : ये हमने चुना है...ये हमारा चुनाव है। हमें इस पर फ़ख्र होना चाहिए। अगर हमारे इस मूवमेंट से आने वाले हिन्दुस्तान को कोई दिशा मिलती है...तो यही हमारी उपलब्धि होगी...

मार्कंड : *(चिल्लाता है)* कोई दिशा नहीं दे पाए तुम! आज के हिन्दुस्तान में तुम्हें सिर्फ़ साबुन के कैलेंडर पर देखकर याद किया जाता है...सरदार भगतसिंह...

भगत : लोगों की यादों में बसना हमारा मक़सद नहीं। कल हमारा फ़ैसला है। मज़ेदार बात नहीं है कि हमें पहले से मालूम है कि ये फ़ैसला क्या होगा?

मार्कंड : *(थके स्वर में)* कल मेरे इनकम टैक्स के मुकदमे का फ़ैसला था। कोर्ट-रूम में मेरी टाँगें थर-थर काँप रही थीं...।

सुखदेव : *(ठहाका लगाते हुए)* अपने शिव की गर्दन में तो पैडिंग लगानी पड़ेगी...तब कहीं जा के फंदा फिट हो पाएगा। अबे, तेरी गर्दन है कि दियासलाई...? *(एक ठहाका)*

राजगुरु : और भगत के लिए गड्ढा खोदना पड़ेगा, तब कहीं जा के उसका क़द टिक पाएगा। यार, तुम आदमी हो या कुतुबमीनार...?

[एक ठहाका]

भगत : *(हँसता हुआ)* और अगर यही बात पंडित जी से कहते तो...

धीमे फेड-इन के साथ स्पॉट

आज़ाद : किसकी मज़ाल है जो इस माऊज़र के रहते पंडित के जिस्म को...*(आवाज़ फँसती है)* मैं भी बहुत दिन नहीं जीऊँगा, भगत! मगर तुम लोगों की याद बहुत आती है!

मार्कंड : *(गीली आँखों के साथ)* कल मेरा छोटा पोता पंडित चन्द्रशेखर आज़ाद की तस्वीर को हाथ लगा के पूछ रहा था कि हू इज दिस फनी नेकेड मैन ग्रांडपा विद सच ए ह्यूज़ मुस्टैच ऑन हिज फेस? इज ही ए मॉडल और समथिंग लाइक दैट?

शिव वर्मा : वो वक़्त भी एक तथ्य था और ये वक़्त भी एक तथ्य है। तथ्य सिर्फ़ तथ्य होते हैं। उनमें तुलना नहीं होती। सरदार के मुकदमे के दौरान भगवती भाई बम बनाते हुए लाहौर में मारे गए। उनकी धर्मपत्नी...हमारी अपनी दुर्गा भाभी आज गाज़ियाबाद में रहती हैं...किसको मालूम है...!

काकोरी केस के इकलौते चिराग़ डॉ. मन्मथनाथ गुप्त आज निज़ामुद्दीन दिल्ली में रहते हैं...किसको मालूम है...! और किसको मालूम है कि कानपुर में रह रहे इस शिव वर्मा नाम के इनसान के हाथ उस इनसान के हाथों में तब थे जब वो अपनी अन्तिम यात्रा पर जा रहा था...

एक स्पॉट

[शिव वर्मा, जयदेव कपूर और जेलर]

जेलर : अपने साथियों से मिलोगे?

(भगत स्पॉट)

शिव : हमें तुम्हारी फाँसी के पहले आंध्र प्रदेश की राज महेन्द्री जेल भेजा जा रहा है, सरदार! विदा दोगे?

जयदेव : साथ में एक सवाल! तुम मरने जा रहे हो, सरदार...! दिल से बोलना। तुम्हें इसका अफ़सोस तो नहीं है?

भगत : अपना काला पानी भोगने के बाद जेल से निकलना...। एक ख़ूबसूरत-सी लड़की से शादी करना...। चार-पाँच गोल-मटोल बच्चे पैदा करना...और कभी-कभी उन्हें सुनाया करना...कि तुम्हारे ऐसे चाचा लोग भी थे। हम उस वक़्त एकदम ज़िन्दा हो जाया करेंगे। इसके अलावा...इस तेईस साल पाँच महीने और छब्बीस दिन की ज़िन्दगी का इससे अधिक क्या मूल्य हो सकता था...?

जेलर : बस! वक़्त ख़त्म हुआ!

स्पॉट फेड-आउट

स्पॉट कानपुर

शिव : *(डबडबाए स्वर में)* और बस...! फिर वक़्त वाक़ई ख़त्म हो गया था। सुना था कि उसने आख़िरी इच्छा के तौर पर लेनिन की जीवनी और रसगुल्लों का कुल्हड़ मँगवाया था। मुझे याद है...जब जेलर ने राज महेन्द्री जेल में ये

ख़बर दी थी तो मैं सींखचों से सर पटक के फूट-फूट के रो उठा था। दूसरे कमरे से जयदेव की सिसकियाँ सुनाई दे रही थीं। फाँसी हमेशा सुबह छह बजे दी जाती है। सुना, दंगा भड़कने के डर से उन्हें वक़्त से 11 घंटे पहले शाम ढले 23 मार्च को ही फाँसी दे दी गई थी और उनकी लाशों को टुकड़ों में काट के, बोरी में भर के जेल की पिछली दीवार तोड़ कर रातों-रात फिरोज़पुर रवाना कर दिया था। वहाँ ख़ौफ़ के मारे उनको अधजली हालत में सतलुज में फेंक दिया गया था। उनकी समाधि आज भी हुसैनीवाला नाम की उस जगह पर मौजूद है। आज़ाद उसके एक महीना पहले ही 27 फरवरी को जा चुके थे...एल्फ्रेड पार्क इलाहाबाद की मुठभेड़ में। बटुकेश्वर दत्त ने 1965 में ये ही इच्छा की थी कि मरने के बाद उनको उन तीनों के पास ही दफ़नाया जाए। उनकी भी इच्छा पूरी हुई...

तीन स्पॉट

(किशन सिंह जी...विद्यावती जी...लड़की)

किशन सिंह जी : *(रुँधे स्वर में)*
प्रेमदत्त...तीन साल बामशक्कत... !
कुन्दन लाल...सात साल बामशक्कत !
शिव वर्मा, विजय कुमार सिन्हा, जयदेव कपूर, कमल नाथ, गया प्रसाद, किशोरी लाल, महावीर सिंह...आजन्म काला पानी...
(आवाज़ डबडबाती है) राजगुरु, सुखदेव और...
(आवाज़ फिर से फँसती है) भगतसिंह...

लड़की : *(चीख़ती है)* नहीं... !

विद्यावती जी : *(चीख़ती हैं)* नहीं... !

(विद्यावती जी के अलावा बाकी स्पॉट फेड-आउट)

[लोकगायक की एंट्री, उनके पास जाता है।]

मेरा रंग दे बसन्ती चोला...हे माई
ओरे मेरा...रंग दे बसन्ती चोला..
मेरे चोले में...तेरे माथे का पसीना है...
और थोड़ी सी...तेरे आँचल की बूँदें हैं...
और थोड़ी सी है...तेरे...काँपते बूढ़े हाथों की गर्मी...
और थोड़ा सा है तेरी आँखों की...सुर्ख़ी का...शोला...
इस शोले को जो...देखा तो आज ये...लाल तेरा...
बोला...अरे बोला...
मेरा रंग दे बसन्ती चोला ओ माई...

[भगत, सुखदेव और राजगुरु की छाया में छवि प्रकाशित होती है गाना बढ़ता है ड्रम बीट्स के साथ में...! उत्कर्ष पर पहुँचता है...]

मेरा रंग दे बसन्ती चोला मेरा रंग दे
मेरा रंग दे बसन्ती चोला
(और धड़ाक से बन्द होता है...!) (तीनों की गर्दनें झूलती हैं साइक्लोरामा लाल सुर्ख़ हो जाता है।)

[एक बेहद धीमा फेड-आऊट और एक धीमा फेड-इन! शिव वर्मा! 1994 कानपुर!]

शिव वर्मा : *(डबडबाए स्वर में)* मैं आज भी ज़िन्दा हूँ...! इस आज़ाद भारत में जिसका सपना वो देखा करता था...! उसका सपना...! सुकून की साँसें होंगी...चारों तरफ उमंगें होंगी...भूख का नामोनिशान ना होगा...अत्याचार ना होगा...चीख़-पुकार नहीं होगी! वाक़ई आज कहीं चीख़-पुकार नहीं है! हर तरफ ख़ामोशी है...सन्नाटा है...वीराना है...जो शायद इशारा कर रहा है किसी अपने वाले तूफ़ान का! किसी आने वाले बवंडर का! पहले कोड़ों की चोट का एहसास होता था क्योंकि कोड़े दिखते थे। आज वो एहसास मिट गया है क्योंकि कोड़े

मारने वालों को ये सुविधा मिल गई है कि वो दूर से बैठ कर कोड़े फटकार सकें...! वो गोरों का राज जो उस गोरे मुल्क़ में वापस धकेल दिया गया था...आज किसी दूसरे गोरे मुल्क़ से धीरे-धीरे वापस आ रहा है। शायद ईस्ट इंडिया कम्पनी भी कभी ऐसे ही घुसी होगी! बहरहाल...उसने कहा था...

(भगत की आवाज़ गूँजती है) रुकना मत! मुकाम तो बहुत आएँगे! रुक गए तो थक जाओगे...

शिव वर्मा : *(डबडबाए स्वर में)* मैं थकने के बावजूद चलने की कोशिश कर रहा हूँ। बस कभी-कभी रातों में उसका हँसता-मुस्कराता चेहरा सामने आ जाता है तो ये पूछने की इच्छा ज़रूर होती है...कि सरदार...! क्या यही था वो आज़ाद हिन्दुस्तान...जिसको पाने का तसव्वुर तुमने किया था...?

[लोकगायक की एंट्री। सारे पात्र भी।]

इलाही जिस तसव्वुर को कभी हाँ ख़ूं से सींचा था...
इलाही जिस तसव्वुर के लिए गर्दन को भींचा था...
इलाही जिस तसव्वुर के लिए हर आग पी ली थी...
इलाही जिस तसव्वुर के लिए हर मौत जी ली था...
इलाही क्या कभी सोचा था अपने उस तसव्वुर से...
जो उपजेगा कभी ऐसा भी ये हिन्दोस्ताँ होगा...
वतन की आबरू का पास देखें कौन करता है...
सुना है आज मक़तल में हमारा इम्तिहाँ होगा...
सुना है आज मक़तल में हमारा इम्तिहाँ होगा...
सुना है आज मक़तल में हमारा इम्तिहाँ होगा...

फेड आउट

✿✿✿